パヴロフ

脳と行動を解き明かす鍵

Ivan Pavlov

オーウェン・ギンガリッチ 編集代表
ダニエル・P・トーデス 著　近藤 隆文 訳

OXFORD
PORTRAITS
in
SCIENCE
オックスフォード
科学の肖像

大月書店

もくじ

装丁 林修三（リムラムデザイン）

オックスフォード　科学の肖像

パヴロフ——脳と行動を解き明かす鍵

巻頭図版：生理学への犬の貢献をたたえる実験医学研究所の記念像の前で。

はじめに

八〇歳のとき、イヴァン・パヴロフは書棚から一冊の古い本を引きぬくと、すぐさま二三〇ページを開いて感慨深げに友人に見せた。その本はジョージ・ルイスの『日常生活の生理学』で、開いたページには動物の内臓の図が載っていた。「まだ幼かったころに、この本をロシア語訳で読んでね」とパヴロフは回想した。「この絵にひどく興味をそそられた。私はこう自問したよ。こんなに入り組んだ器官がどうやって機能するのだろう?」。

「こんなに入り組んだ器官がどうやって機能するのだろう?」。これこそイヴァン・パヴロフが人間を含めた動物について生涯いだきつづけた疑問だった。心臓はどんな仕組みなのか、消化器はどんな仕組みなのか、そして結局のところ、脳はどんな仕組みになっているのか? パヴロフにとって動物とは、どういうわけか生きていくために必要なだけの機能をそなえた驚異的かつ複雑きわまりない機械だった。心臓はどんな人工機械よりも、数十年と休まず血液を送り出す(そしてその速さと強弱を自己調節までする)機能にすぐれ、胃はどんな食べ物にもほどよく

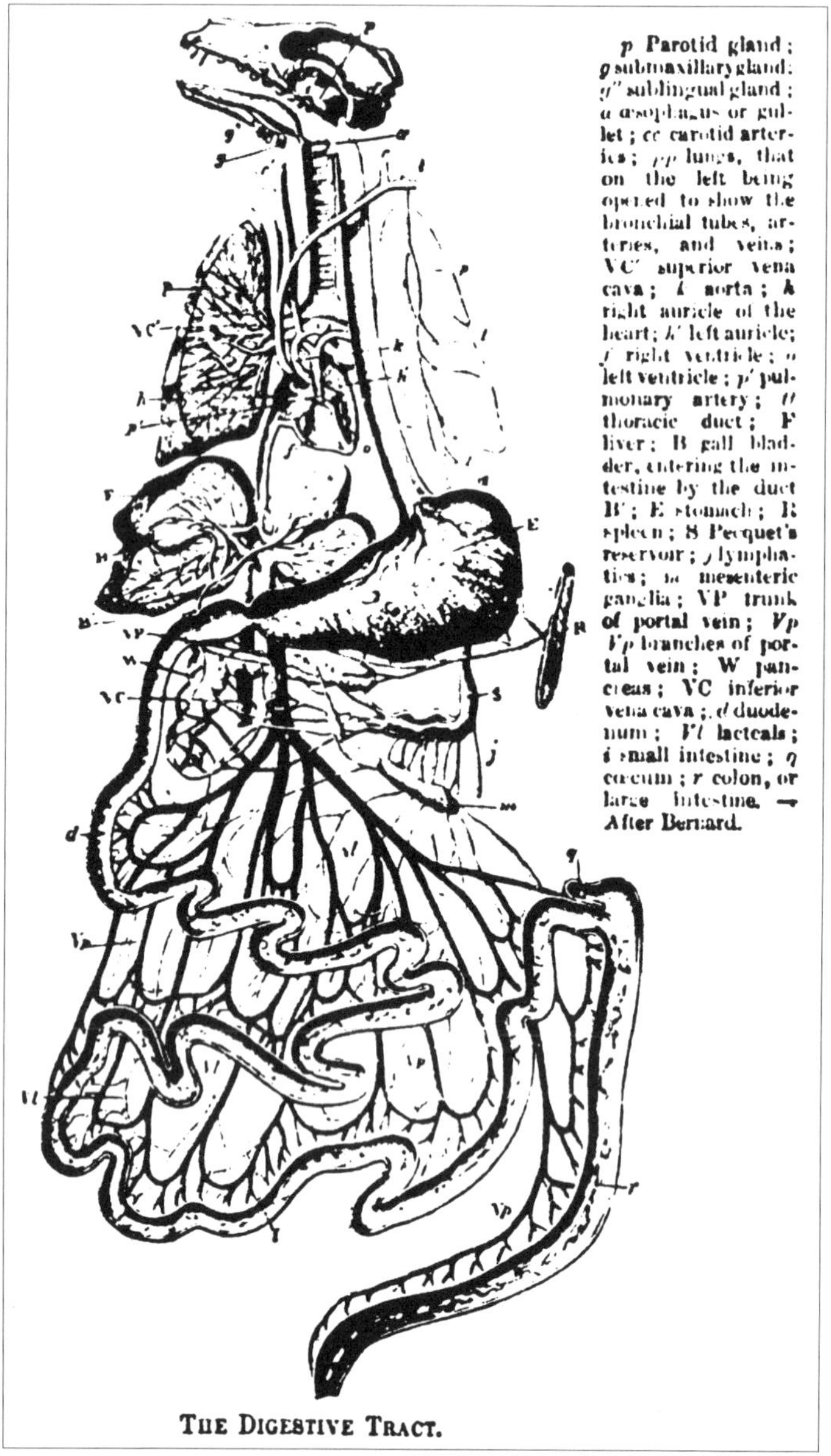

G. H. ルイスによる哺乳類の内臓の略図。『日常生活の生理学』より。10代だった1860年代にこの図に触発されたパヴロフは、60年以上たってもはっきり記憶していた。

混合された胃液を注いで消化しやすくし、脳はなんらかの方法で、茂みの動く光景を、敵もしくは食物になりそうなものが近くにいるという認識に転じてみせる。

パヴロフにとって、それは果てしなく魅力的な問題であり、彼は研究室でこれらにとり組むことを何よりも愛した。だが、話はそれだけにとどまらない。パヴロフが見つけた答えは、やがて人類の歴史と人間性そのものを変えることとなる。彼はこう信じていた。知識とは力である。なかでも科学知識こそ、もっとも誠実にして最大の力だ。自然に対する理解をはぐくむことで、科学は人間に自然の管理の仕方を教えてくれる。科学によって人間性自体への理解が深まれば、人間はかつてないほど生活を管理できるようにもなるだろう、と。一九二二年、第一次世界大戦後の荒廃を経験したパヴロフはこう述べている。「科学だけが、人間性そのものに関する精密科学〔量的な測定や仮説の再現が可能な科学の分野〕と、全能の科学的手法に支えられた何より真摯《しんし》なアプローチだけが、人間を今日の憂鬱《ゆううつ》から救い出し、人間どうしの関係における現代の恥辱《ちじょく》をそそいでくれるだろう」。

死後数十年たってなお、パヴロフは二〇世紀が生んだもっとも著名な科学者にかぞえられる。科学者にすれば、消化機能や脳、行動に関するその先駆的研究はいまだ貴重な知見をもたらし、想像力豊かな実験技術の模範となるものだ。だが、世界じゅうの人がパヴロフと唾液を分泌する犬の話を知っていることから示されるように、彼の理想にはもっと広範におよぶ力があった。

パヴロフは、実験科学を通じて私たちが人間性を理解し、ひいては管理さえできるようになるのではないかという希望（人によっては不安）を象徴するまでになっている。

したがってイヴァン・パヴロフの生涯とは、理想家にして才気煥発《かんぱつ》な実験科学者の、科学には世界――そして私たち自身――をよい方向に変える力があると信じる者の物語にほかならない。そのひとつの理想にほぼすべてを捧げた長い人生の物語である。それはじつに意外なはじまり方をする――司祭になる勉強をしている一〇代の少年が、朝早くベッドから起き出す。そわそわとあたりを見まわしながら、ひんやりした暗いロシアの朝を少年は新しい公立図書館まで歩いていく。もちろん、図書館は閉まっている――なにしろ午前五時なのだ。だが、イヴァンは忍びこんで禁じられた書物を読む方法を用意してあった。

第一章　神学生が科学を選ぶ

イヴァン・ペトローヴィチ・パヴロフは当然のように司祭になるつもりだった。パヴロフ家の男子は六代にわたってロシアの東方正教会に仕え、司祭の地位にむけて少しずつ階層をのぼってきていた。野心をいだいた農民が運を切りひらくには、ほかに方法はなかったといっていい。一八世紀、ピョートル大帝の治世に、パヴェルという名のみで知られる農民が、ロシアの田園地帯にある小さな教会で聖歌隊のリーダーとなった。つづく三代、パヴロフ家の男たちは全員司祭の補佐役を務めた。一九世紀なかばになってようやく、パヴロフ家は司祭の職にたどり着く。ピョートル・ドミートリエヴィチ・パヴロフとふたりの兄――いずれも名はイヴァン――が神学校を卒業し、それぞれ教区をあたえられた。とくにピョートル・ドミートリエヴィチ（われらがイヴァンの父）は幸運にも、ロシア中央部、モスクワから約二〇〇キロ離れたオカ川沿いの地方都市、リャザンのニコラ‐ヴィサコフスカヤ教会の担当となった。

ピョートル・ドミートリエヴィチ・パヴロフは敬虔《けいけん》でいて世間の事情に通じた男で、リャザ

パヴロフの父、ピョートル・ドミートリエヴィチ・パヴロフ。司祭にしてリャザン宗教界の中心人物。一家の果樹園を耕して副収入を得ていた。

ンでもっとも尊敬される聖職者のひとりだった。当時、東方正教会の司祭は無給ながら、礼拝など聖職者の務めを果たすことで教区民からルーブルやコペイカといった通貨を受けとっていたが、ピョートル・ドミートリエヴィチはこうした報酬に加え、広大な果樹園の収益があり、さらに地元の神学生に部屋を貸してもいた。教区民のかかえる悩みに同情的な司祭として知られ、彼らのために規則を曲げることもあったらしい。たとえば結婚を望むカップルがいたら、

パヴロフの母、ヴァルヴァラ・イヴァノヴナ・パヴロヴァ。リャザンの大物聖職者であった父親の反対を押しきって文字の読み方を習った。

たとえ必要な書類をそろえられなくても、また教会の許可する年齢より夫が上だったり、妻が若すぎたとしても、教会での式を認めるような司祭だった。彼の妻、ヴァルヴァラ・イヴァノヴナ・パヴロヴァについてはくわしいことはわからず、司祭の娘で、一〇人の子どもを産み、ピョートルの考えでは「神経衰弱」(つまり極度に神経質)だったという事実が伝えられる程度だ。ヴァルヴァラがピョートルをどう思っていたかというと、彼女にとって家庭内での最大の味方だった娘リディヤの、ピョートルは暴君のように家庭を支配したとの言葉がのこっているにすぎない。

夫妻の第一子は一八四九年の九月二六日に生まれた。その子、イヴァン・パヴロフは、ある親類によれば「病弱な子ども」だったという。小柄でひ弱《よわ》、やせっぽちの彼は並はずれた記憶力と情熱的な性格を兼ねそなえ、そしてかんしゃく持ちだった(ピョートルはこの最後の特徴を妻からの遺伝のせいにした)。読書は好まず、父親の書斎——リャザンでは稀少だったその蔵書——には見むきもしなかった。むしろ父親を手伝って果樹園の手入れをし、果実を摘《つ》むのが好きだった。

パヴロフ一家はリャザンの中心にほど近い、ニコリスカヤ通りに建つ快適な木造の二階家に住んでいた。一家の食事は簡素だったが、食べるものには困らなかった。ピョートルみずからが、肉、小麦粉、野菜、バター、砂糖を家族のテーブルに用意し、特別な日には、ウォッカ、

リャザンにあったパヴロフの少年時代の家。彼の寝室は11部屋からなるこの広大な屋敷の2階にあった。

果物、砂糖からつくった自家醸造酒を（ほどほどに）たしなんだ。

八歳のとき、イヴァンは高い塀から隣家の庭にあった石のうえに落ち、大けがを負った。数か月たっても回復せず、やがて名づけ親である近くの修道院の院長がイヴァンを預かり、心身を治すことを決意する。その治療法とは、修行、修行、また修行というものだった。日中、イヴァンはよく働き、よく遊んだ――園芸、水泳、スケートをしたり、ガラッキーに興じたり。ガラッキーとは屋外ボウリングに似たロシア伝統のゲームだが、投げるのは球ではなく、重い棒である。夜には、本数冊といっしょにがらんとした部屋に閉じこめられた。ほんの退屈しのぎに、少年はページを繰《く》りはじめ、ほどなく修道院長に感想文を書くようになる。一族の言い伝えによれば、パヴロフ家に帰ってきたときのイヴァンはまるで別人で、勉強好きの規律正しい少年になっていたらしい。イヴァン自身、修道院生活のおかげで心身のつらい労働を組みあわせた厳しいスケジュールの大切さを長年肝《きも》に銘じていられたと、のちにふりかえる。

修道院生活に加えて、子どものころのふたつの体験がイヴァンに長期的な影響をおよぼした。伯父ふたりの数奇な運命と復活祭の休日である。

ピョートル・ドミートリエヴィチのふたりの兄――イヴァンの伯父にあたるふたりのイヴァン――も司祭になったが、どちらもその地位に長くとどまることはできなかった。一方のイヴァン伯父は大酒飲みで、ロシア式の拳闘――町や村じゅうの男たちがチームを組んで別の町と対抗戦をおこなうもの――に目がないことで有名になった。そのうち、この司祭らしからぬおこないのために聖職を剥奪《はくだつ》され、拳闘で負ったけがが原因でのちに亡くなっている。もうひとりのイヴァン伯父も相当な酒好きだった。彼が司祭に就任してまもなく、所属の教会でひどく奇妙なことが起こりはじめた。棺から死体が消え、白い衣をまとった人影が墓地をうろつき、真夜中に教会の鐘が鳴る。ある晩、村人たちが謎を解こうと待ち伏せし、そして捕まったのがほかならぬ彼らの司祭、イヴァンだった。袋だたきにあい、酔っぱらってふるえる彼は寒空《さむぞら》のもとに置き去りにされた。職を失ったのも驚くにあたらない。面目《めんぼく》をなくしたイヴァン伯父はパヴロフ家に身を寄せ、少年イヴァンの気のあう話し相手になった。少年はこの伯父を慕っていたが、その反面、ふたりの伯父の不名誉を戒《いまし》めとし、アルコールと無軌道なふるまいの危険性を心にとめおくことになる。

もうひとつの少年時代の根強い記憶は、復活祭の休日だった。リャザンでの毎日は平凡だったが、例外だったのが復活祭とクリスマスである。復活祭に先立つ大斎《おおものいみ》の四〇日間、パヴロフ家では節食し、トーストとブリヌイ（ロシア伝統のパンケーキ）だけでしのいでいた。空腹で衰弱するぶん、大斎後の休日はこころ躍《おど》るものとなる。パヴロフはのちに述懐《じゅっかい》した。「禁食の期間中は空もどんよりして、教会の音楽は物悲《ものがな》しかった。それが不意に、明るく楽しい復活祭がはじまって、空は晴れわたり、はちきれんばかりの陽気な旋律が流れだして、風味豊かなごちそうが並べられる」。後年――信仰を捨ててずいぶんたってからも――イヴァンはずっと復活祭をこころ待ちにし、休日を祝うことにこだわっていた。

家庭で個人指導を受けていたイヴァンは、一一歳になるとリャザンにある教会の付属学校にはいり、司祭になるための教育を受けはじめる。カリキュラムの基本は丸暗記で、最重要教科はラテン語とギリシャ語、それにつづくのが教理問答(キリスト教の教義に関する形式的な問答)と聖書の歴史だった。数年としないうちに、イヴァンは全教科で校内の上位にはいったが、歌唱だけは苦手で聖歌隊からはずされている。一八六四年、一五歳で卒業し、リャザン神学校に進学。ここでも優秀で、教会の歴史と教義、ロシア史と世界史、文学、語学、論理学、哲学、複数の自然科学の科目を含む過酷な課程でトップの成績をおさめた。ピョートル・ドミートリエヴィチが、パヴロフ家の七代目ではまず長男が教会に仕えるのだと信じるのも無理はなかった。

だが、時代は変わりつつあった。それにともない、イヴァンの人生の展望も多くの若者と同じく変化していった。このあとの展開――そしてイヴァンが早朝にリャザンの図書館に忍びこんだ理由――を理解するには、彼が一〇代をすごした一八六〇年代のロシアの状況を知っておく必要がある。

当時のロシアは、絶対君主制と厳格な階級構造をもつ、ひどく貧しい大国だった。国民の大多数を農奴――通常は貧困をきわめ、領主の広大な土地で働くことを法的に義務づけられた農民――が占めていた。農奴には移動の権利がなかった、というより権利などまったくなかったに等しい。ロシアの統治者は皇帝《ツァーリ》、つまり、その言葉が法となる絶対君主だった。一八二五年から一八五五年までのツァーリは冷酷なニコライ一世であり、その哲学はつぎのスローガンに集約されていた。「専制、正教、国民性」――すなわち、ツァーリの絶対的支配、精神的なことがらにおける教会の絶対的権威、国家の運命と（国家の解釈による）ロシア国民の伝統への無条件の信頼ということである。ニコライ一世は異議をいっさい許さず、西ヨーロッパの思想をロシアから締め出そうとした。そんなものは厄介の種でしかないと考えていたからである。

ニコライ一世が一八五五年に死去したのち、跡を継いだアレクサンドル二世はまったく異なる考えをいだいていた。クリミア戦争（一八五三―五六年）の屈辱的な敗北に衝撃を受けた彼は、国を強大にし、繁栄させるには近代化するしかないと信じていた。この新たなツァーリは大改革によってロシア社会を根幹から揺るがす。一八六一年には、農奴を解放した（エイブラハム・リンカーン米国大統領の奴隷解放宣言より二年早い）。司法制度と教育制度を改革し、西ヨーロッパへの旅行制限を緩和して、結社や講演活動の自由を拡大した（ただし、どのケースでも従来どおり政府の許可は必要とされ、体操クラブなどの、一見して非政治的な団体を結成する場合も同様だった）。いうまでもなく、そうした団体や講演者の表明する思想がツァーリや役人から危険とみなされれば、依然として逮捕される可能性はあったが、ロシア人がかつてない大きな自由を手に入れたこと

1855年から1881年に暗殺されるまでロシアを統治した「解放者皇帝」アレクサンドル2世。農奴を解放し、ロシアの教育制度を拡充、国家の検閲による締めつけを緩和した。

に変わりはない。アレクサンドル二世はさらに検閲規定も緩《ゆる》め、過去の禁書の多くが出版されて、さまざまな思想が公《おおやけ》の場で議論されるようになった。

当時のロシアには合法的な政党こそなかったが、そのかわりに「分厚い雑誌」と呼ばれるさまざまな総合誌があった。こうした雑誌では多様な政治的見解が提示されていた。急進的な雑誌は、ロシアはもっと西欧諸国のようになるべきであり、ツァーリなどいらないと（あいまいに、それとなく）提案した。保守的な雑誌は、ロシア固有の伝統と特別な運命を守るためにツァーリはもっと厳しく危険思想を弾圧すべきだと論じた。こうした雑誌が国民のおもな情報源となり、そこでは最新の小説（ドストエフスキーの『罪と罰』など）から米国の南北戦争のニュース、最新の科学的発見に関する記事まで、あらゆるものを読むことができた。ロシア人どうしなら、どの雑誌を好むかを知れば、時事問題に関する相手の意見は察しがついただろう。保守派はミハイル・カトコーフの『ロシア報知』を読み、急進派はニコライ・チェルヌイシェフスキーの『同時代人』やドミートリー・ピサーレフの『ロシアの言葉』を購読した。

古いロシアはどうやら死につつあり、新しい近代ロシアが生まれようとしていた。では、それはどんなものになるのか？　討論サークル（ロシア語では「クルジュキ（кружки）」、単数形は「クルジョーク（кружок）」）が国じゅうに発足し、人びとは新しい文学を読んで、哲学、政治、文学、科学を論じるために集まった。「素晴らしい時代だった」と当時のある活動家は回想している。

「だれもが考え、読書し、研究することを望んでいた時代。眠っていた思考が目覚め、動きだそうとしていた。その衝動は強烈で、課題は膨大にあった。現在のことに関心はなかった。未来の世代の運命とロシアの運命こそが、考えをめぐらせる対象だった」。

そうした大きな変革の時代は若者に多大な影響をあたえる。かつては多くの若者にとって（少なくとも選択権のある恵まれた者にとっては）、親のあとを継いで地主や商人、司祭などになるのは当然だと思われていた。ところが、もはや状況はさほど明確ではない。農奴がいなくなったら、地主はどうなるのか？ 教会はどうなるのか？ 新しいロシアの建国にはどう参加するのがいちばんなのか？ おおぜいの若者が一家の伝統に逆らい、きわめて魅力的な新しい選択肢にむかった――科学である。

一八六〇年代に科学が貴ばれるようになったのには、いくつか理由がある。アレクサンドル二世の政府は、科学によってロシアの経済、技術、軍事、医療が強化されると考え、空前規模の資金を投入した。ツァーリの閣僚のなかには、学生が科学の研究に忙殺されれば、急進的な政治活動に割《さ》く時間と活力が少なくなると信じた者もいる。一方、絶対君主制に反対する多くの知識人も、科学を支援した。新しい客観的知識の、そして「専制、正教、国民性」に代わる近代的な思考体系の源《みなもと》になるとみなしたためである。近代科学は唯物論的世界観をもたらす、というのが彼らの考えだった。科学は万物を物質の特性と自然法則の結果として説明するというわけだ。こうした知識人にとって、科学はロシア人を教会とツァーリにしばりつける迷信から解放するものだった。たとえば、進化に関する科学的説明が人は神に創造されたという神話にとって代わり、人間の脳の科学的研究が非物質的な不滅の魂という通念をくつがえすという具合に。なんといっても、当時はチャールズ・ダーウィンが進化論を唱え、化学の発展によって生物と無生物の差が見えなくなり、エネルギー保存の法則が発見され、生理学者による人体の理解が日に日に進んでいた時代である。ドイツ人生理学者カール・ルートヴィヒは、摘出したカエルの心臓に何時間も鼓動をつづけさせることまでしてみせた。またロシアの生理学者イヴァン・セーチェノフは、問題作『脳の反射』(一八六三年)で、人間の行動と思考はすべて機械的な反射反応の結果として説明できると論じていた。

かくして科学は新しい近代の信仰をもたらした。当時のある学生が書いている。「科学は突如として女神のごとくまつりあげられ、だれもが人類を気高くし、進歩させるためのすぐれた知識をそこから見つけなくてはならなくなった。この科学の高僧となるために勉強する学生が重宝がられ、指導者の資質があるとみなされた」。

こうした時代の思潮にかき立てられ、イヴァン・パヴロフは早起きして神学校の始業まえにリャザンの新しい公立図書館に急いだのだった。彼はほかの学生たちと討論サークルを結成し、急進的な雑誌やかつての禁制本を読んで議論をたたかわせた。神学生は表《おもて》むき、「自分で選んだ本、とくに道徳や教会の教義に反した思想を含む書物を読む」ことは禁じられていたので、イヴァンは神学校の監督官に細心の注意をはらわなくてはならなかった。彼らはリャザンの街を巡回し、素行の悪い学生を探していたのである。立ちはだかる問題はもうひとつあり、『ロシアの言葉』に掲載された科学や急進主義に関するピサーレフの評論や、ロシア語に翻訳されてまもないダーウィンの『種の起源』、セーチェノフの『脳の反射』といった出版物を読みたがる人があまりに多く、図書館の前には開館しないうちからきまって長蛇の列ができていた。パヴロフ家のひとりはのちにこうふりかえっている。「入り口が開かれると人が殺到して、殴りあいも日常茶飯事《さはんじ》だった」。後年、パヴロフは、結局ある図書館員の協力をとりつけることで、人だかりをうまく避けたのだと白状した。決意の固い神学生は開けておいてもらった窓をよじ登り、ほかの人たちが到着するまえに大事な本を手にしたのである。

いまやイヴァンは全情熱を勉学に傾けるようになっていた。昼間は神学校の授業を受け、夜を徹して禁じられた文献に読み耽《ふけ》る。ある友人によれば、彼らのクルジョーク内で「いちばん本を読み、熱意と根気もいちばんの論客」だった。イヴァンはピサーレフの記事や愛読書であるルイスの『日常生活の生理学』の全文をそらんじてみせたが、とくに好きだったのはピサーレフのスローガンである。「自然とは大聖堂ではなく、工房だ」。この言葉は新しい時代の知見をとらえていた。自然とは、神の栄光の証しとして従順に崇拝すべきものではなく、むしろ人類の進歩のために科学的に理解し、管理すべきもの、というわけである。

もちろん神学校の教師も、学生たちが「危険思想」に感化されているのは知っていた。だが、対応の仕方は教師によってまちまちだった。ある者は伝統的なカリキュラムを守り、蔓延《まんえん》する唯物論的な反宗教思想をひたすら糾弾《きゅうだん》するのが最善の策だと考えた。ある者は神学校の授業で一部の危険な文献について学び、未来の司祭たちに唯物論的見解とたたかう準備をさせるのが望ましいと信じていた。イヴァンの「論理学と心理学」の担当教師だったニコライ・グレーボフは、授業の大半を費やして「魂の精神性に対する唯物論者の異議」に反論した。別の担当教師はさらに踏みこみ、教会の検閲機関に批判されていた書物――ルイスの『日常生活の生理学』など――も教材に採り入れている（もっとも、この教師は解雇されたのだが）。

課外研究にはげみつつも、イヴァンは神学校で好成績を維持し（クラスの首席ではなくなったものの）、校内では自分の意見をあまり公にしないよう気をつけた。学生の監督官はまもなくイヴァンの「すぐれた道徳性」をこう証言することになる。「キリスト教に反する、もしくは国家にとって危険な思想はみじんも認められない」。

けれども、イヴァンの考えと目標ははっきり別の場所に向いていた。一八六九年、彼は父親に、最終学年を迎える神学校には戻らないと告げる。司祭にはならず、翌年はサンクトペテルブルク大学の入試に備えて勉強するつもりだった。ピョートル・ドミートリエヴィチは激昂《げきこう》し、ここで生じた息子との不和はけっして癒《い》えることはなかった。だがイヴァンはすでに心を決めていた。新しい「女神」の司祭になる——科学者になるのだと。

ロシア人の名前とパヴロフ家

どのロシア人の名前にも多少の家系図がふくまれている。ミドルネームのかわりに、ロシア人には「父称」――父親のファーストネームにちなんだ名前――がつけられる。したがって、イヴァン・ペトローヴィチ・パヴロフ（Ivan Petrovich Pavlov――ロシア文字ではИван Петрович Павлов）は、ピョートル（Petr――ロシア文字ではПётр）の息子ということだ。イヴァンの弟たち、ドミートリー・ペトローヴィチ・パヴロフ、ピョートル・ペトローヴィチ・パヴロフ、セルゲイ・ペトローヴィチ・パヴロフも父親が同じなので、父称が同じだった。娘につける父称はまた別のつくり方をする。イヴァンの妹の名は、リディヤ・ペトローヴナ・パヴロヴァ（Lidia Petrovna Pavlova――ロシア文字ではЛидия Петровна Павлова）。父称と姓の語尾の「a」が、リディヤが女性であることを示している。同様に、イヴァンの両親のファーストネーム――ピョートル・ドミートリエヴィチ・パヴロフとヴァルヴァラ・イヴァノヴナ・パヴロヴァ――は、イヴァンのふたりの祖父の名がドミートリーとイヴァンだったことを表わす。イヴァン・パヴロフの母は一〇人の子どもを産んだが、幼児期を生きのびたのは五人しかいない。この高い乳幼児死亡率は当時のロシア人家庭ではふつうのことだった。

Sechenov, Reflexes, and Free Will

セーチェノフ、反射、自由意志

イヴァン・セーチェノフは一八六〇年代のロシアでもっとも名の知られた科学者のひとりである。生理学者である彼は、ピサーレフやチェルヌイシェフスキーら急進派の唯物論的見解に共鳴していた。一八六三年には「脳の反射」と題する長い論文を執筆し、科学的論拠によって革新思想を擁護している。この論文は急進的な雑誌『同時代人』に掲載されるはずだったが、政府の検閲に引っかかり、かわりに医学誌に発表された。そこなら読者はほとんどいないと検閲機関が判断したためである。ところが、この医学誌が一躍人気を博し、人びとはセーチェノフの論文の掲載された号をむさぼり読んだ。やがて検閲機関もさじを投げ、セーチェノフの論文は一八六六年に書籍として出版された。

セーチェノフはこう論じていた。人間は自分で決めた行動――あの道ではなくこの道を歩く、あの考えではなくこの考えに同意する、溺《おぼ》れている人を見たら安全で水の届かない岸にとどまるのではなく助けるなど――をしていると思っていても、実際は反射のなすがままになっているにすぎない。言い換えると、じつは人は自由ではないのである。時計が内部の歯車やばねにしたがった動き方をする（そして時計は時を刻むかわりに歌をうたうと自分で「決める」ことはできない）のと同じで、人は反射にしたがって行動する。

セーチェノフの考えでは、反射とは神経系に制御される単純な作用である。それは、感覚神経が脊椎（背骨）を直行もしくは脳と脊椎を経由して、運動神経につながることで生じるものだ。感覚神経は刺激――光景、音、においなど外部にある何か――に反応する。すると神経信号が――脊髄（脊椎のなかを走る神経幹）を直行し、もしくは脳から発して脊髄を経由し――運動神経に送られる。そして運動神経が何か――腕、脚、声帯など――を動かすのである。反射が感覚神経から脊椎を直行して運動神経に達するものである場合、私たちはなにも考えずに動作をするだろう。たとえば、医師に膝《ひざ》をゴムのハンマーで叩かれたとき、「さあ膝を伸ばそう」とは考えない。無意識にそうするだけである。セーチェノフなら、「機械のようにそうする」と言うことだろう。

セーチェノフによれば、感覚神経からの反射が脳を経由するときは、人は身体の動きを自覚するのだという。そのとき人は、故意に何かをしていると考える。たとえば、好きな食べ物を見つけたら（刺激が目の感覚神経から脳に伝えられたら）、「あれを食べよう」と思う。そして、その食べ物を手にとって口に入れる（脳が信号を脊椎経由で運動神経に送ったのである）。

だがセーチェノフは、この考え自体、ひとつの反射、好物を見たことに対する無意識の反応だと信じていた。たとえば好物を目にしても、夕食の時間が近く、両親に見られているので食べないという場合、セーチェノフによると、人は自由な決定をしているわけではない。むしろ抑制と呼ばれる神経作用が脳に伝わり、「食べるな！」と告げているのである。この抑制もセーチェノフにすれば、ひとつの反射にほかならない。セーチェノフは、こうした抑制の中枢を脳に発見したと考えていた。私たちの身体には無数の反射と抑制機能があり、それが総合的にあらゆる行動を決めるのだと論じた。私たちが生まれたその日から、あらゆる経験——自然との、家族、教師、友人、社会との——をもとに反射と抑制反応のネットワークが築かれる。したがって、よいおこないをする人は基本的によくできた機械であり、品行の悪い人を責めてもしかたがない——かならず進んだり遅れたりする時計のようなものなのだから。セーチェノフによれば、公平で寛大な社会は「よい機械」だけを養成する。それは尊敬しあい、罪を犯さず、つねに本物のボガトィーリ（ロシア版の勇敢で高潔な騎士）らしくふるまう人間である。

以上はセーチェノフの科学実験に関する彼自身の解釈をもとにした唯物論である。彼にとって、ロシアにおける「悪い人間機械」の存在は、ロシア社会に変化が必要な証拠だった。セーチェノフは自由意志を否定し、心のなかで起きることはすべて――思考も感情も――私たちの身体と環境の科学的研究によって説明がつくと信じていた。セーチェノフに賛同した科学者もいれば、反対した科学者もいる。東方正教会と、独裁君主制の支

「ロシア生理学の父」として知られるイヴァン・セーチェノフ。問題作となった論文「脳の反射」では、カエルの実験をもちいて人間の行動を説明した。

持者たちは、セーチェノフの本を悪しき科学であり、そこには不道徳なメッセージがこめられていると批判した。自由意志がないとしたら、人は自分の行動に責任をもてないことになるからだ。だが、急進派や若きイヴァン・パヴロフは、それこそ公正な社会を構築するにはもってこいの科学的論拠と考えた。

六〇年後、自身、反射の研究にとり組んでいたパヴロフはセーチェノフについて、思考と感情を「純粋に生理学的な手法で」理解する「輝かしい試み」の「革新性と誠実さ」に感銘を受けたと回想している。

第二章　サンクトペテルブルクで苦闘する科学者

リャザンからサンクトペテルブルクまでは列車で一日足らずだったが、イヴァン・パヴロフにとってそこは地球の反対側に等しかった。

一八世紀にサンクトペテルブルクを建設したピョートル大帝は、どのロシアの街とも異なる都市にしたいと考えていた。多くの点で彼の計画は成功したといえる。この荘厳な都市はツァーリのお膝元《ひざもと》となり、雄大な冬宮《とうきゅう》がネヴァ川岸に建てられた。都市を流れる数かずの運河に沿って、ロシア貴族の大邸宅が建ち並んだ。この都市が特別だったのは、その壮大さや美しさだけが理由ではない。ロシア帝国の首都であったのもさることながら、ロシアの未来をめぐる主張や希望を表わしていたからでもある。

ピョートル大帝は、古い伝統の多くを廃止して西欧化することにロシアの救済策を見いだしていた。この精力的なツァーリはロシアを世界の強国にすることを願い、長年にわたって近隣諸国と戦争をつづけた。ロシアを近代化する道具が西ヨーロッパで開発されていると信じ、そ

ロシアの近代化にむけたピョートル大帝の努力はあらゆる分野におよんだ。この絵では、大帝配下の改革主義者たちが力ずくで国民のひげと外套を短くしている。

の道具を自分の目で見たいと考え、お忍《しの》びで西の先進諸国を旅してまわった。王や女王に会って時間をむだにするつもりはなかった。それよりも、自然の研究方法や病気の治療法、造船術、近代兵器の鍛造法を知る科学者や医師、熟練労働者に会うことを望んだ。みずから大工仕事を学び、抜歯やかんたんな手術の仕方を習い、初期の顕微鏡越しにオランダの博物学者アントニ・ファン・レーウェンフックの言う「微小動物」（微生物）を観察した。さらに、西ヨーロッパから科学技術の専門家を多数雇って連れ帰り、知識の種をロシアに蒔《ま》くことまでしている。

サンクトペテルブルクはロシアにおける西ヨーロッパの流儀と科学知識の中心として築かれた。ピョートル大帝の「西側の窓」にして、ロシアの新たな首都であり、大帝が構想した科学アカデミーの本拠地だった。ロシアが目指すべき方向のシンボルとして、ピョートルは貴族たちに伝統の長いひげを切るよう強制し、王宮を訪ねるときはかならず近代西欧風にひげを切りそろえてくるよう求めた。

やがてサンクトペテルブルクは、ロシアの知識人たちの、とくに、この国のまだ小さかった科学界の中心地として認知されるようになる。リャザンに数週間遅れで届けられる分厚い雑誌は、ここで編集、出版されていた。

ネヴァ川をはさんでツァーリの冬宮の正面、科学アカデミーの隣にパヴロフの目的地があった。サンクトペテルブルク大学である。この大学の理学部には、化学者のドミートリー・メンデレーエフ（今日使われている元素周期表の作成者）、「ロシア植物学の父」アンドレイ・ベケトフ、論議を呼んだ生理学者イヴァン・セーチェノフなど、ロシアの一流科学者の多くが名を連ねていた。「当時の理学部はすばらしい状態にあった」とパヴロフはのちに回想する。「科学者として絶大な権威があり、講師として際立った才能のある教授陣がそろっていた」。きっと愛読書である『日常生活の生理学』の著者ルイスやセーチェノフが念頭にあったのだろう、パヴロフは動物生理学を専攻することに決め、例によって学業に没頭した。

だが大都市の生活はパヴロフにとっても、同じく神学校から大学に進んだ親友

元素周期表の作成者、ドミートリー・メンデレーエフ。パヴロフ在学時のサンクトペテルブルク大学で化学教授を務めていた。

のニコライ・ブィストロフにとっても過酷なものとなる。ふたりはわずかな奨学金でやりくりしつつ、それまでとはまったく異なる環境と大学の厳しい講義に適応しようと努力した。ところがブィストロフは神経衰弱を患い、まもなくリャザンにひき返した。一八七一年四月、大学一年の年度末が近づくころには、イヴァンも問題をかかえるようになった。「神経系の障害」と診断され、進級試験を受けないまま五月なかばにリャザンに帰郷する。

イヴァンは夏のあいだに健康をとり戻し、八月なかば、弟のドミートリーをともなってサンクトペテルブルクに復帰した。リャザンでいつもイヴァンの世話を焼いていたドミートリーは、サンクトペテルブルクでも兄の面倒を見るようになる。とれたボタンを外套につけ直し、まずまずのアパートを探し、奨学金の範囲で食事のできる食堂を見つける、等々。ドミートリー本人もサンクトペテルブルク大学に入学し、高名なメンデレーエフのもとで化学を学んだ。魅力的で社交好きなドミートリーのおかげで、兄弟のアパートはたちまちイヴァンの友人たちにとって居心地のいいたまり場となる。その後の人生でも、イヴァンにはかならず世話をしてくれる人物がいた。おそらく実りある生活と研究をつづけるために必要だったのだと思われる。

こうしてイヴァンは一年目の試験をすんなり通過し、新しいクルジョーク（非公式の討論サークル）と大学での研究に専心するようになった。もっとも、セーチェノフに師事したかったとすれば、落胆したにちがいない。著名な生理学者は大学当局ともめて辞職したからである。

生理学の新任教授は才気ある一風変わった悲運の生理学者、パヴロフより六歳だけ年上のイリヤ・ファデエヴィチ・ツィオンだった。ツィオンの指導を受けたのは二年にすぎなかったが、パヴロフは後年、「あの人のような教師は生涯忘れられない」とふりかえる。パヴロフ本人はもちろん、大志をいだいたほかの若き生理学者たちも、「きわめて複雑な生理学上の問題を単純に提示してみせるツィオンの力量と、実験における掛け値なしの芸術的才能に驚くばかりだった」。

科学者が動物を研究する方法は多種多様である。当時の生理学者たちもさまざまなアプローチをとっていた。一部の生理学者たちは「還元主義」的見解をいだき、最善の研究方法は動物をごく単純な、もっとも基本的な部分に還元することであり、その部分とは細胞であると信じていた。動物はたんなる細胞の集まりであり、細胞の働きがわかれば、動物全体が容易に理解できるというわけである。なかには、さらに踏みこんだ立場をとる生理学者もいた。細胞とは原子と化学物質でしかなく、したがって生理学者とは本来、物理学者にして化学者でなければならないというのが、彼らの考えだった。

ツィオンはこの還元主義的アプローチに同意しなかった。師である偉大なフランス人生理学者クロード・ベルナールと同じく、つぎのように考えていた。生理学者は「高次の」レベルに焦点をあて、動物の器官（心臓、消化器、脳など）を研究しなくてはならない。結局のところ、

サンクトペテルブルク大学の学生時代、パヴロフは生理学を専攻した。1年にわたる「神経衰弱」と、科学研究に明け暮れた期間のために留年している。

こうした器官が血液の循環、食物の消化、思考や感情の創出といった動物の身体における基本的な機能を果たしているのだ。だから、そうした作用を理解するために、生理学者はまず器官にとり組むべきである。化学と物理学はその補助になりこそすれ、何が動物を動かすのかをめぐる基本的な疑問に（当面は）答えられない。その疑問とは、どのように血液を体内にめぐらせつづけるのか、どのように食物をエネルギーに変えるのか、どのように環境を学んで順応するのか、というものだ。

では、どうすれば生物学者は動物の器官を研究できるのか？ ツィオンの回答は、ベルナールと同様、生体解剖（生きている生物体の切開）と実験によって、である。たとえば、鼓動を制御するのはどの神経かを知りたい場合、生物学者は動物を手術し、候補となる神経を切断して結果を観察すればいい。セーチェノフは血を見ることに耐えられず、生きた動物を解剖することは極端に渋って、進化の程度が低いカエルに限定していた。ところがツィオンは学生たちに、もっと人間に近い大型哺乳類、すなわちウサギ、猫、犬などの生体実験の仕方を教えたのである。これには鋼のような神経ばかりか、すぐれた外科技術も求められた。

パヴロフはのちに、この恩師に格別の感銘を受けたある逸話を紹介している。ツィオンは上流社会やフォーマルな場が好きだったが、ある日、うっかり重要な解剖の予定を仮装舞踏会に招待されていた晩に入れてしまった。舞踏会の欠席も解剖の延期もしたくない彼は、外套にシルクハット、白手袋といういでたちで研究室にやってきた。そして手袋もはずさないまま、複雑な手術を実験動物の胃に手早くほどこした。手術が終わり、急いでパーティに出かけようとしたとき、手袋もシャツの胸もしみひとつなかった――卓越した外科技術の何より感動的な証しである。ツィオンの指導のもとで、パヴロフも腕の立つ外科医となった。この若き学生が両利きだったのも幸いした。パヴロフは両手とも器用に使え、手術中はどちらの手でも難なく切開できたのである。

こうして大学生のパヴロフはツィオンと緊密な関係を保ちながら勉学に励んだ。ツィオンの生理学の講義に出席し、夜はたいていツィオンの小さな生理学研究室ですごす。師と同じく、パヴロフも消化器官と心臓を研究した。大学を卒業するまえからサンクトペテルブルクの科学界に実験結果を発表し、ある研究報告を認められて大学のコンテストで金メダルを獲得している。ただし、科学実験に明け暮れるあまり、卒業に必要な科目の単位が足りず、留年を余儀なくされた。

ここにきてパヴロフは、自分は生理学者になりたいのだと確信するようになっていた。また、狭き門である生理学の教授職は、まず医学校を卒業したほうがはるかに見つけやすいことも承知していた。そこで大学を終えたら、ロシア一の医学校、サンクトペテルブルクの軍医学校に進むことを決意する。折しもツィオンもそこの教授に就任しており、自慢の弟子は実験助手に誘われた。万事順調に思えた。

ところが、ほどなく災難という邪魔がはいる。パヴロフが後年苦々しく回顧しているが、「とんでもない事態になり、きわめて才能に恵まれた生理学者であるツィオンが軍医学校から追放された」。ツィオンの学者人生は台なしとなり、パヴロフは敬愛する師を奪われた。いったいどうしたら教授がその職から「追放される」のか——その答えを知れば、科学と教育が生身の人間によっておこなわれ、大きな論争と強い感情を引きおこすことを思い出さずにはいられないだろう。

ツィオンを嫌う人は数多く、その理由はさまざまだった。ひとつには、彼はかんに障《さわ》る性格で、多くの人の目に尊大で冷淡に映ったことがある。急進派と自由主義派から好かれなかったのは、ロシアの社会と経済における既存の秩序を変革する必要性をめぐって対立したからであり、唯物論に関するセーチェノフの考え方を否定したからだった。ツィオンの考えでは、思考や感情と純粋に物理的な人体の作用との結びつきを生理学者が見つけることはありえない。まして魂や自由意志が存在するか否か、わかるはずもなかった。思考と感情は、結局のところ物理的なものではない、見たり触れたりできるものではないのである。どうしてそんなものが真に科学的な方法で研究できるのか？　ツィオンは講義や論文でセーチェノフをはじめとする、生理学を「唯物論的な急進派の科学」と考える人びとを批判した（と同時に、若きイヴァン・パヴ

サンクトペテルブルク大学の学生食堂、1910年。

ロフを説得し、こうした問題に関心をもつのを当面はやめさせ、かわりに心臓と消化器の研究に専念させている)。急進派と自由主義派の雑誌は、ツィオンを邪悪な科学者で不誠実な男と指弾《しだん》する記事を掲載した。

多くの保守派はツィオンの政治観を好ましく思いながら、ユダヤ人であることを理由に彼を支持しなかった。反ユダヤ主義はロシアの一大勢力であり、ツィオンはロシアの大学で教授となった最初のふたりのユダヤ人のひとりだった。あげくには、ツィオンの授業を受けた学生のなかにも、採点が厳しいことで憤慨する者がおおぜいいた。軍医学校の教授はたいがい、試験の成績にかかわらず全学生にCの評価をあたえていた。ところがツィオンはそれをよしとせず、生理学を受講した学生を一〇〇人以上落第させたのである。

こうした事情から学生たちがツィオンに反対するデモを組織すると、多くの者が彼らの唱える解雇要求の支持にまわった。ツィオンが講義をはじめようとすれば、怒《いか》れる学生たちから卵とキュウリが投げつけられる。政府は当初、渦中の教授を支援し、学生のデモ隊を逮捕、さらには講堂に武装衛兵まで配置して秩序の維持に努めた。ところが、一八七四年の秋、デモは大きくひろがり、サンクトペテルブルク大学、軍医学校ほか、市内の高等教育機関は閉鎖に追いこまれる。ツィオンへの支援は消えてなくなった。政府の役人たちはツィオンに「休暇」をとるよう求め、そして二度と復帰を呼びかけなかった。

パヴロフにとって、これが破滅を意味したのはいうまでもない。敬愛する師が侮辱に打ちのめされ、みずからの計画も砕け散ったのだ。五〇年たってなお、彼はツィオンの数少ない擁護者のひとりとして、ほかの学生たちから「スパイ同然」に扱われたことを思い返す。強烈な忠誠心から、パヴロフはツィオンの後任の生理学教授に協力することを拒んだ。ツィオンの研究室で挙げた科学上の成果に対し、大学の式典で金メダルを授与されることになっても、出席を拒否したのだった。

つづく一五年間は苦難の時期となった。パヴロフは医学部を卒業し（一八八〇年）、つづいて指導教官のいないまま医学の高等研究を終了した（一八八三年）。心臓と消化器に関する論文を多数発表したが、数少ない生理学の教授職は有力な教授の後ろ盾《だて》があるほかの志願者たちのものとなった。あるとき、パヴロフは意気消沈のあまり、死ぬことさえ考えた。それでも、この時期には彼の生涯できわめて重要なプラスの出来事が三つ起こり、おかげで運気が上むくまでもちこたえることができたのである。

ひとつめは、セラフィマ・ヴァシリエヴナ・カルチェフスカヤとの出会いである。彼女はイヴァンと同じく、時代の潮流《ちょうりゅう》に乗って地方都市から首都サンクトペテルブルクにやってきた若い女性だった。父親を一〇歳のときに亡くし、四人のきょうだいとともに小さな学校の校長を務める母親の手で育てられた。家庭教師の仕事を一〇歳ではじめたが、それも彼女が優秀な学生となるさまたげにはならなかった。イヴァンとは異なり、ピサーレフや唯物論に感化されなかったセラフィマは、信心深い女性でありつづけた。ただし、やはり当時の急進思想には影響を受けており、とくに女性の平等権要求に触発され、社会の慣習を無視して仕事に就くことになる。

一八七〇年代のロシアには、広範囲におよぶ社会運動がもうひとつあった。「ヴ・ナロード（人民のなかへ）」運動である。教育を受けたあまたの若者たちは、ロシア国民の大半が貧困と飢餓に苦しみ、しかも読み書きができないままだというのに、自分の出世のことばかり考えるのは利己的だと強く感じていた。そこで彼らは、身につけた技能をもちい、国民の圧倒的多数を占める貧しい農民を援助することを決意する。多くの青年医師が田園地方に赴いて農村で開業し、多くの青年教師が農民に文字の読み方を教える人生を選んだ（ロシアの大作家、アントン・チェーホフもこの運動に参加しており、その作品には彼と同じく貧しい農村部で診療をする医師の話が少なくない）。イヴァンの父親と同様に、セラフィマの母親も子どもが家を出ることを望まなかったが、独立心の強い娘は一八七八年にサンクトペテルブルクに旅立ち、婦人むけの教職課程を選択、その後、ヴ・ナロードを実践する。サンクトペテルブルク滞在中には、貧しい学生のための募金を目的とした催しを数多く組織し、フョードル・ドストエフスキーやイヴァン・ツルゲーネフらの文豪による朗読会などを開催した。

サンクトペテルブルクの元老院正面に立つピョートル大帝像、「青銅の騎士」。大帝はモスクワに代えてこの新たな「西側の窓」をロシアの首都とし、キリストの使徒、聖ペテロにちなんで命名した。

一八七九年、セラフィマとイヴァンは共通の友人の紹介で出会った。ふたりはたちまち意気投合したが、内気なイヴァンはデートを申し込むことができなかった（セラフィマが裕福な家の出であると勘ちがいし、見下されるのを恐れたせいもある）。そこで彼女が夏に帰省するまぎわまで待ち、手紙を書いてもいいかと尋ねた。セラフィマの了解を得たイヴァンは早速、「とらわれて」と題した日記を送りはじめる。内気な青年はそこに人生、文学、科学、時事問題に対する考えと思いをすべて注ぎこんだ。セラフィマも手紙が届くたびに返事を出した。秋に彼女がサンクトペテルブルクに戻ってくると、ふたりはもはや離れられない関係となった。ほどなく婚約したものの、結婚式は一八八一年まで延期する。セラフィマはひとまず「ヴ・ナロード」という使命を果たすために地方で一年をすごした。イヴァンは博士論文を完成させるはずだったが（大きな計画には往々にしてあるように）、これには思いのほか時間がかかる。無事修了したのは結婚から二年後の一八八三年のことだった。

若い理想主義者のふたりはあらゆる関心事について話しあった。真実の愛の本質、ドストエフスキーの最新作、科学上の発見、時事問題。ふたりがともに衝撃をおぼえたのは一八八一年、アレクサンドル二世――ロシアの改革に大きく貢献した人物――が、サンクトペテルブルクを走る馬車のなかでテロリストの爆弾によって暗殺されたことだった。

結婚前の二年間、会えない時期のふたりは毎日のように手紙をやりとりした。イヴァンからセラフィマへの手紙は、彼の人格と目標を雄弁に物語る。彼は、中傷（現実であれ架空であれ）に対して過敏で、「意地悪の発作」があり、なんとなく疎外感をおぼえることがあると吐露《とろ》している。自分の大きな強みは正直と真実に対するこだわりで、それは「自分にとって神のようなもの」だと述べている。さらに、「物事がどう変わろうと、自分にとっていちばん大切なのは、正しい行動をしていると自覚すること」だとも書いている。

イヴァンはセラフィマにこう説明している。科学者であることは、自分にとって真実を探究する方法であるばかりか、正しい考え方を学ぶ方法でもある。もっと若いころは、たいして知らないテーマについて何時間も熱心に論じたものだった。いまは「成熟した知性」を育む努力中だ。ほんとうの真実を得るのはむずかしい。それを見つけるには、専門的な狭い分野のエキスパートになり、実験と検証、再検証という科学的プロセスを経るしかないのだと。本人の言葉によると、「思考するというのは、ひとつのテーマを根気強く調査すること、それをつねに念頭におくこと、それについて書き、話し、論じること、いろいろな角度からとり組むこと、それについてのさまざまな意見の根拠をすべて集めること、あらゆる難点をとり除くこと、難点が生じる隙間《すきま》を認識すること」である。要するに、「真剣な知的努力の喜びと悲しみを経験」しなければならない。思考の方法を学ぶ最善の場は科学研究室であり、これをパヴロフは「頭脳の学校」と呼んでいた。

新婚当時のセラフィマとイヴァン。イヴァンの弟ドミートリーは、ふたりとも甘やかされることに慣れていると思いこみ、この結婚は長つづきしないのではと心配していた。

かつてセーチェノフが夢見たように、脳が思考と感情を形成する仕組みを理解することをパヴロフはあきらめていなかったが、そこまで複雑なテーマにとり組む準備が現実の実験科学にできているとは思わなかった。「人間生命の科学はどこにあるのだろう?」と彼はセラフィマに書いている。「存在する形跡すらない。もちろん、これから現われるのだろうが、すぐにじゃない、すぐにということはない」。

結婚生活の最初の一〇年間に、仲むつまじい夫妻は数かずの困難とひとつの大きな悲劇に直面した。まず、ふたりには先立つものがなかった。イヴァンの弟ドミートリーと同居したこともあれば、市内の極貧地区にアパートを借りたこともある。あるときセラフィマが目を覚ますと、生まれたばかりの息子ウラジーミルにシラミがたかっていた。まもなく夫妻は、セラフィマとウラジーミルは地方でセラフィマの姉といっしょに暮らしたほうが健康によく、安あがりだと判断する。ところが転居後、幼いウラジーミルは急病で他界した。夫妻が悲しみに打ちひしがれるのも当然だった。イヴァンは研究に没頭した。セラフィマは東方正教会にかよいつめ、来る日も来る日もひたすら祈りつづけた。ふたりめの息子――今度もウラジーミルと命名――を授かったのは二年後のことだった。

イヴァンは講義をして収入を得るかたわらで、いい仕事口を探しつづけた。一八七八年から一八九〇年にかけて就いていた職はたいしてして稼ぎにならなかったが、結果的にそこは幸運の泉

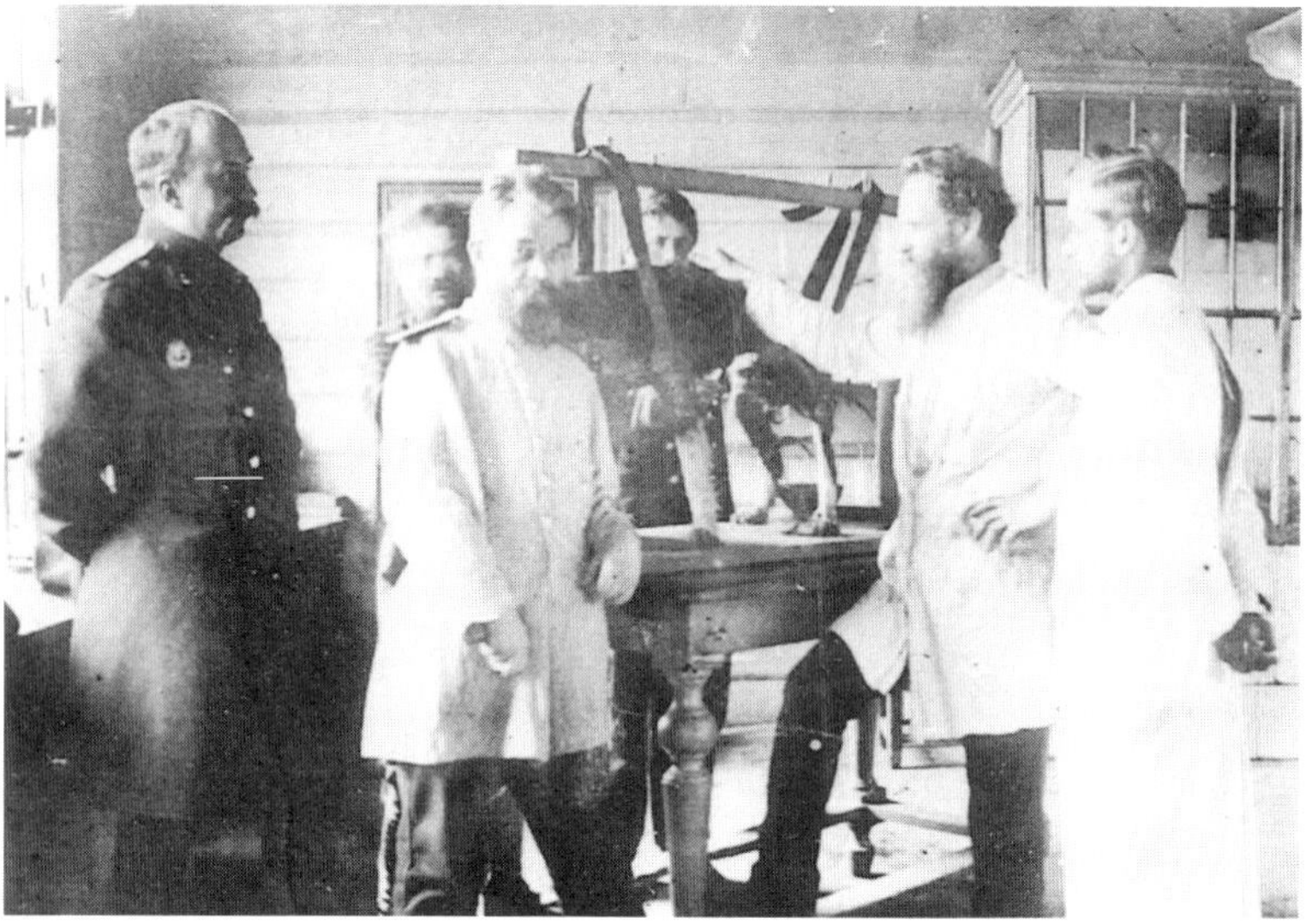

軍医学校、ボトキンの研究室でのパヴロフ（右からふたり目）。ボトキンの実験を監督することで、パヴロフは自身の研究に使用できる施設を得た。

となる。軍医学校の医学教授で皇后の主治医だったセルゲイ・ボトキンが、小さな研究室を開設して各種薬品の動物実験をすることにした。ボトキン本人は多忙で研究室を運営できないため、ある青年医師に誰を雇ったらいいか助言を求めた。その医師が推薦したのが、親友のイヴァン・パヴロフだった。こうしてパヴロフはボトキンの研究室で調査研究を監督し、その施設を使って自身の研究も進められるようになる。この仕事の利点のひとつは、セラフィマが病気になったとき、皇室侍医の治療を受けられることだった。もうひとつは、パヴロフが研究室運営という貴重な経験を得たこと。そして最後に、ボトキンから多くの有力者たちを紹介してもらったことがある。

苦難がつづいたこの時期の明るい出来事にはもうひとつ、イヴァンとセラフィマの二年にわたる西欧旅行がある。一八八四年、あるコンテストでイヴァンは西ヨーロッパで科学研究をつづけるための給費金を勝ちとった三人の学生のひとりとなった。彼はその給費金でドイツに渡り、当時の一流生理学者であるルドルフ・ハイデンハインやカール・ルートヴィヒとともに研究した。共通の関心事である心臓と消化器について、ふたりと意見を交換することができたが、それ以上に重要だったのは、ヨーロッパ有数のふたつの研究所がどのように運営されているかを知ったことだ。ハイデンハインと、とくにルートヴィヒは、小さな部屋がひとつかふたつしかない施設で孤独に研究するのではなかった。むしろ、おおぜいの助手とあらゆる近代的設備に囲まれていた。そのため、パヴロフの知っていた貧しいロシアの研究所にいる科学者たちにくらべ、はるかに仕事の効率がよかったのである。

どんな仕事も適切な道具がなければうまくはいかないものだ。科学も例外ではない。一八八〇年代末、パヴロフはある問題をめぐり、ボトキンの研究室の設備に不満をつのらせていた。そこでは「正常な」動物を使った実験が困難もしくは不可能だったのである。パヴロフの不満の根底には、生理学者が「動物機械」の仕組みを知る最善の方法に関する持論があった。

パヴロフの考えでは、生理学者は「急性」と「慢性」、どちらの実験をすることもできた。各タイプの実験からは異なる種類の知識がもたらされる。急性実験では、生理学者は動物になんらかの手術をし、ただちにその結果を観察する。たとえば、動物の胃で食物がどうなるかを知りたければ、えさをあたえて一定の時間をおいてから切開し、胃の中身を観察すればいい。こうした急性実験の最中には、もちろん、動物は出血して痛みにもだえ苦しみ、あるいは鎮静剤を投与される。ここでパヴロフは考えた。いずれにしても、生理学者が実験中に目にするものは、手術そのものの結果がほとんどだ。動物はひじょうに複雑な機械であり、手術による痛みと外傷は生命現象全体に影響をあたえる。急性実験はそれゆえ、時計をハンマーで叩きこわして歯車とばねの仕組みを見るのに近い。この場合、科学者は動物の各部位――「歯車とばね」の形――について知ることはできる。だが、正常な、機能する動物が実際に呼吸や食物の消化をするとき、こうした部位がどう連係するかはわからない。

では、正常かつ機能する動物の仕組みを発見するには、生理学者はどんな実験をすればいいのか？　パヴロフにとって、その答えは「慢性実験」だった。「慢性実験」の基本的な考え方は、外科的手段をもちいて動物を一種の生きた実験道具に転換するというものだ。この場合、生理学者はまず手術によって動物に何かを移植する、あるいは動物の何かを変える。その後、動物は外科治療を受けた人間の患者と同じように手術から回復する時間をあたえられる。動物が回復して初めて、生理学者は実験を開始する。

たとえば、一八八九年、パヴロフと共同研究者のエカチェリーナ・シュモヴァ-シモノフスカヤは、動物が食べるときに胃腺から胃液が分泌される原因をつきとめようと考えた（胃液は胃のなかの食物を消化する液体である）。ほかの科学者たちもこの問題を研究し、胃のなかの食物の物理的圧力が原因で胃腺が胃液をつくるのだと結論づけていた。パヴロフはそうは思わなかった。彼の考えでは、食欲――食べ物に対する動物の欲求と食べることで得られる喜び――が、胃に食物が到達しないうちに胃液を流れ出させるのだ。だが、どうしたらこれを検証できるのか？

パヴロフの解決策は、犬に胃瘻《いろう》を移植し、食道切開術をほどこすというものだった。胃瘻というのは、胃の内部から体外に通じる細い管である。分泌された胃液はこの管をとおって外に

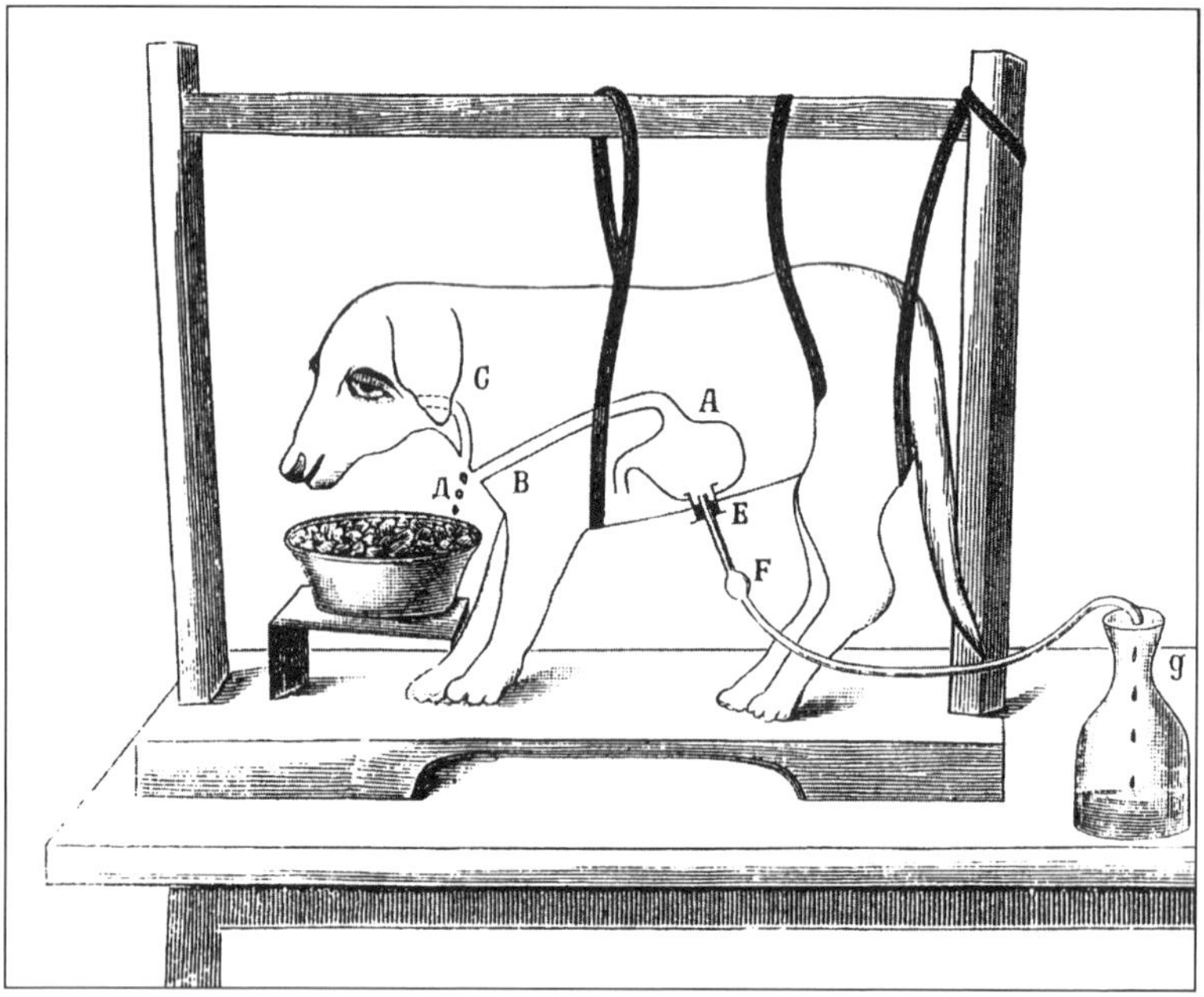

パヴロフは犬と胃瘻、食道切開術をもちいて消化における食欲の役割を立証した。1907年のロシアの医学誌に掲載されたこの図では、犬が食べた食物は首の開口部（C）からこぼれ落ちるので、胃には到達しない。だが「食欲胃液」は胃瘻（E）から流れ出る。

出るため、実験者は瓶に入れて分析することができる。食道切開術は、さらに複雑な（悪魔的と考える人もいるだろう）手術で、動物の口腔と消化管を切り離すものだ。動物が食物を口にした場合、食物は胃に到達するのではなく、穴から落ちる。結果として、動物は食事を楽しんだとしても、食物が胃にたどり着くことはない。

パヴロフはこうした手術を犬にほどこし、術後の回復を待ってから実験を開始した。そして、犬の口にした食物が胃に到達しなくとも、胃腺から大量の「食欲胃液」――食欲の影響でつくられる胃液――が分泌されることを発見した。

慢性実験をもちいることで自身の主張を立証したパヴロフは、急性実験の結果から食欲が胃液を分泌させることはないと結論づけた科学者たちを批判した。パヴロフによれば、そうした科学者は急性実験における数かずの問題にだまされているのだった。彼はこう書いている。出血して痛がり、あるいは薬を投与された犬は、食べる喜びを感じられないため、当然、「食欲胃液」は分泌されない。これでは正常な犬が食べるときの状況など生理学者にわかるはずがない。ここからいえるのはひとつ、生理学者の急性実験は動物という機械の「歯車とばね」の一部をこわしてしまったということだけだ。

パヴロフにとって問題なのは、こうした手術にせよ、もっと複雑な手術にせよ、研究機関が必要な器具を備え、犬が術後に回復できる程度に清潔でなければ成功はおぼつかないことだった。ボトキン研究室は小規模で設備が乏《とぼ》しかった。特殊な道具が必要な場合は、自分でつくらなければならない。さらに深刻なのは、パヴロフに言わせると衛生状態が「不潔」で、複雑な手術をしたあとに犬やウサギの大半が感染死してしまうことだった。「だから、ぼくのせいじゃない」と彼はセラフィマへの一八八二年の手紙で、遅々として進まない論文について書いている。「ほかの、手術後に動物が生きていなくてもかまわない実験をはじめようかと思う」。

忘れてならないのは、このころ科学者たちは、小さな、目に見えない細菌が大型の動物を殺せるという、嘘《うそ》のような話を認識しはじめたばかりだったことだ。人間の手術をする人びとでさえ、依然として、手術室に求められる清潔さとその実現方法をめぐって議論していた。外科医が傷口に洗っていない指を突っこみ、治り具合をたしかめることもめずらしくなかった。つまり、パヴロフの考えでは実験動物が複雑な手術のあとも生きつづけるために必要な幅広い対策を講じる生理学研究室は、世界のどこを見てもなかったのである。そうした対策がパヴロフの好む生理学のスタイル——慢性実験——に欠かせなかったが、彼には望んだ方法で生理学を研究する資金も設備もなかった。

その後、四〇歳を迎えたころのパヴロフは数多くのすぐれたアイデアをもっていたが、反面、大きな不満をかかえてもいた。おかねはないに等しく、ロシアの大学の教授職に応募しながら断られること二回。やりたい生理学の実験の多くはボトキンの研究室では不可能で、貴重な時間がどんどん失われていく。当時のパヴロフは書いている。「私の時間と力はまるで生産的に使われていない。他人の研究室でひとり働くのと、自分の研究所で学生たちと共同研究をするのは大ちがいだからだ」。

この言葉を書いたころのパヴロフには知る由《よし》もなかったが、このあと思いもよらない出来事が重なって彼の学者生活は一変することになる。その発端は一八八五年、プルートという狂犬がサンクトペテルブルクでひとりの将校に咬《か》みついたことにあった。狂犬病は恐ろしい疾患で、その年までは致死の病だった。だが一八八五年、パリ在住の細菌学者ルイ・パストゥールが狂犬病ワクチンを開発したと発表した。プルートの犠牲者にとって幸いだったのは、彼の上官が皇子アレクサンドル・ペトローヴィチ・オルデンブルクスキーだったことだ。皇子は資産家で、アレクサンドル三世の従弟《いとこ》であり、科学と医学に大きな関心をいだいていた。彼は部下を治療のためにパリへ送るにとどまらず、ロシアでも自前でワクチンを製造できる施設をつくろうと考えた。それから二、三年後にパストゥール研究所——ルイ・パストゥールによる細菌学研究の継続を可能にした近代科学センター——が設立されると、この前例に触発《しょくはつ》されたオルデンブルクスキー皇子は、私財を投じてロシア初の医学研究所の開設を決意する。

皇子はロシアの一流医学者と医師数人を指名し、実験医学研究所の組織委員会を設置した。そこにパヴロフも名を連ねたのは、皇后の主治医である有力者、セルゲイ・ボトキン教授と親しい間柄《あいだがら》だったからだと思われる。皇子は当初、別のロシア人生理学者――パヴロフよりも高名な人物――を研究所の生理学部門の長に任命するつもりでいた。ところが多くの人は、医学についてろくに知らない皇子が研究所を管理しても、失敗するのがおちだと判断した。指導的立場の顧問はつぎつぎに辞任し、もちかけられた職を辞退する科学者が相次いだ。結局、組織委員会でのパヴロフの働きもあって、オルデンブルクスキー皇子は彼を研究所の生理学部長に抜擢《ばってき》した。

わずか二年前、パヴロフはふたつの教授職に応募しながら不採用となっていた。それが一八九一年、期せずしてロシア最大かつ最新鋭の生理学実験室の長となったのである。一八八〇年代は苦難の一〇年だった。一八九〇年代は輝かしい勝利の一〇年となる。

第三章　パヴロフの生理学工場

いまやパヴロフは生涯で初めて、家族を支えながら科学的関心を思う存分追究するのに必要な資金を手にしていた。

オルデンブルクスキー皇子の実験医学研究所に高給で雇われたことに加え、軍医学校の教授にも任命されたのである。パヴロフ家は借金を清算し、科学アカデミーからほど近い広びろとしたアパートに転居することができた。セラフィマは教師の仕事を辞め、出世した教授の妻という伝統的な生活に落ち着いた。イヴァンの仕事が発展するのにともない、彼女はさらに三人の子どもを出産する（一八九〇年にヴェラ、一八九二年にヴィクトル、一八九三年にフセーヴォロト）。そしてかつて弟のドミートリーがイヴァンのために果たしていた役目を担い、実用的なことを一手にひき受け、イヴァンを科学に専念させた。彼女が担当する家事には、財政管理も含まれていた。家計についてイヴァンはまったくの無能（もしくはまったく無関心）だったからである。

この時期、セラフィマはますます教会ですごすようになっていた。友人に宛てた手紙では、信仰を見つめなおすことで初めて、長男の死後も「正気を失わずにいられた」と打ち明けている。イヴァンにもいっしょに礼拝にいくよう説得してみたが、結果は芳《かんば》しくなかった。イヴァンは依然としてピサーレフと一八六〇年代の唯物論に忠実だった。宗教の文化的役割は尊重しても（後年、信教の自由に対する風あたりが強くなったときには擁護にまわった）、神の存在も、いかなる宗教教義も信じたためしはない。神や宗教を信じる者を、迷信をいだかずには人生に立ちむかえない「弱い人」だとみなしていた。このように考え方のちがいはあったものの、イヴァンとセラフィマは困難をきわめた一八八〇年代を乗り切り、最初の成功の果実を味わうことができた。セラフィマはのちに一八九〇年代を「最良の歳月」とふりかえっている。

このころパヴロフは、規則的な仕事中心の毎日をおくるようになった。朝は七時半ごろに起床、軽く朝食をとり、急いで研究所の実験室へ、あるいは医学生に講義をする日は軍医学校にむかう。六時ごろまで実験室で働き、帰宅して夕食。夕食後に仮眠をとる。八時半ごろに起き、食堂でゆっくりお茶を飲んで音楽を聴く。夜も深まって家人がベッドにつくころ、書斎に行って書きものをする。夜更《よふ》かしが好きで、就寝は午前一時ごろ。晩年、三つの研究施設で調査を監督するようになると、この習慣も若干《じゃっかん》変化する。特別な日には昼食時に帰宅し、音楽を聴いたり蒐集《しゅうしゅう》した美術品を眺めたりしてから職場に戻るようになった。一方でパヴロフは、時間をつくって定期的にからだを動かすことも欠かさなかった。体操クラブを創設し、自転車を走ら

軍医学校で医学生たちに講義をするパヴロフ。彼の講義は実験証明を特色とし、そこではおおぜいの聴衆に馴れた専用の犬が使用された。

せ、クロスカントリースキーに興《きょう》じた。サンクトペテルブルク市内の三つの研究施設と自宅を行き来する道は、いつも足早に歩いた。日課を厳格に守っていたため、予定外の話しあいを希望する者には、歩いて移動するあいだしか時間がないと告げることがしばしばだった。しかも多くの人は、パヴロフの速い歩調になかなかついていけなかった（パヴロフはそうすることで、自分にとって貴重な時間を無駄にされないようにしたのだろう）。

思いがけないふたつの幸運から、実験医学研究所内のパヴロフの実験室は研究を進めるのにきわめて好都合な場所となった。まず、彼とともに働くために多くの人間がやってきたことが挙げられる。彼らが訪れたのはパヴロフが有名だったからではなく（彼は有名ではなかった）、政府の特殊な政策のためだった。ロシアの医師の大多数は政府の仕事をしており、そのほとんどは軍の仕事をしていた。兵士の健康維持と傷の治療は、どんな軍隊でも優先課題である。当時の医師の大半は科学的な訓練が不足しており、「科学的に考える」ことを学べば医師たちの仕事ぶりが改善されるだろうというのが政府の考えだった。

そして政府はつぎのように判断した。二年にわたる科学講座の受講と実験室での研究は、あらゆる医師にとって利益になる。研究課題を達成して博士論文を書きあげた男は、はるかに高額の給与や恵まれた仕事口といった特権を手にするだろう、と（当時のロシアに女性の医師はほとんどいなかった）。そうした事情があって、パヴロフの研究所にやってくる人たちは生理学のことなど知らないに等しかった。彼らは何より、ごく短期間で研究課題を設定して完了させるためにパヴロフの力添えを求めるのが常だったのである。一八九一年から一九〇四年にかけてパヴロフの実験室を通過していった協力者は、約一〇〇人。そのほとんどはパヴロフのおかげで論文を完成させ、医師として順調なキャリアを築くことができた。

この制度はパヴロフにとっても渡りに船だった。パヴロフには研究プロジェクトの構想がたくさんあったが、人間の手は二本しかない。だから多くの人が研究を手伝ってくれるのはありがたかった。パヴロフはこうした協力者を「手利《き》き」と呼んでいた。そして自身はもっぱら「頭脳」を提供した。パヴロフと数人の経験豊富な助手が犬を手術し、協力者たちにその後の処置を指示して、彼らの実験を監督し、結果を解釈する。パヴロフの「手利き」は数百頭の犬に数千の実験をおこない、単独で作業するよりはるかに多くの有用な情報をパヴロフの創意あふれる「頭脳」にもたらしたのである。

こうした研究所での組織的作業は、この時代の工場の生産工程によく似ていた。パヴロフはきわめて厳格な経営者だった。「手利き」がチーフの指示どおりに作業しなければ、彼らがおこなう実験にはなんの価値もない。それゆえ、パヴロフは新入りの協力者を一、二か月テストしてから研究テーマを割りあてた（なかでも最優秀と判断した協力者には最重要のテーマを託した）。彼が求めるのは時間厳守と精密さだった。ある協力者によれば、「研究所は時計の機械のように

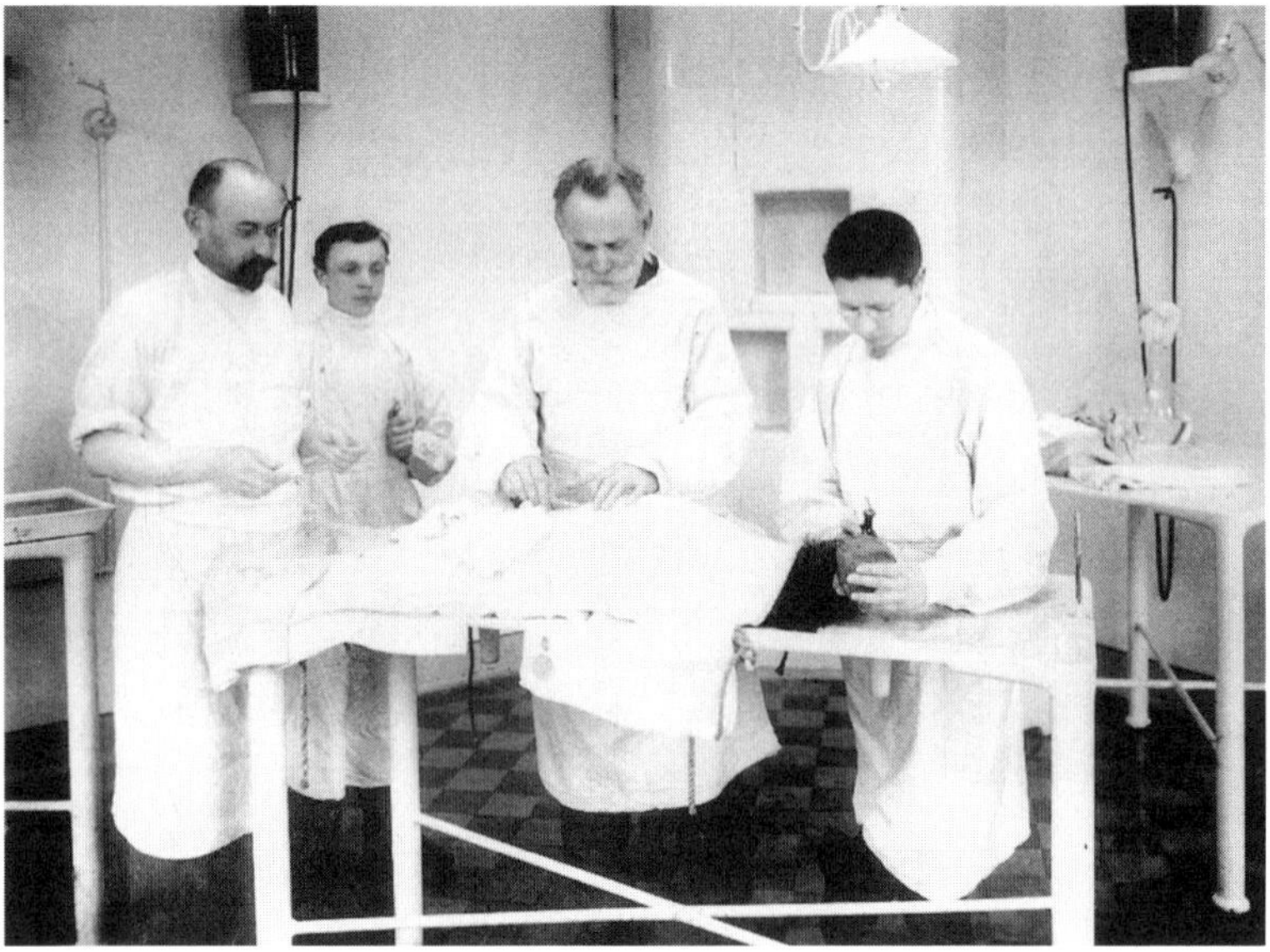

犬を手術するパヴロフ（中央）と協力者たち。実験医学研究所内、パヴロフの研究室の2階にあった手術施設で。

機能していた」とのことである。

毎朝、パヴロフは研究所に着くとコート掛けを確認した。遅刻した者がいれば（コートがないのが証拠となる）、パヴロフのかんしゃくの餌食《えじき》となった。ある協力者がパヴロフの芝居がかった朝の到着の様子をこう描写している。「彼が研究所にはいってくる、いや、より正確にいうなら、駆けこんでくると、力とエネルギーもいっしょに流れこんできた。研究所はまさしく活気づき、こうして高まった緊張感と仕事のテンポは彼が去るまで維持される。彼は研究所に全人格を、それこそ理念も気分もすべて注ぎこんだ。頭に浮かんだことはのこらず協力者全員と話しあう。議論と論客を愛し、みんなを煽《あお》り立てるのだった」。

パヴロフは研究所内を行き来し、協力者たちの実験を監督してまわった。プロトコル（実験記録）を書いた協力者のノートを手にとり、その協力者が過去の結果を正確に把握しているか試すこともあった。理解していなかったり、実験の仕方がぞんざいだった場合、パヴロフは「罪を犯した者に食ってかかり、激しく非難する」。パヴロフは研究所内で会議を組織し、協力者全員が結果とアイデアを共有できるようにした。パヴロフのアイデアに異を唱えられる者はなく、秘密もいっさい許されなかった。最終的に、協力者たちは実験を完了して論文を書き終えると、パヴロフの前で読みあげる。チーフは結果とアイデアをひとつひとつ分析し、なにか問題があれば新たな実験の実施を課す。そんなふうにして研究所の「頭脳」は「手利き」の活動を継続的に指導した。

こうした新たな協力者たちのおかげでパヴロフの研究所はたちまち人であふれるようになり、やがてそこに第二の幸運がめぐってくる。一八九三年、篤志家《とくしか》のアルフレッド・ノーベル（ダイナマイトの発明によって財産を築いた）から、パヴロフは研究所を二倍の規模にできるだけの資金を寄贈された。またしてもパヴロフは、ふさわしい時、ふさわしい場所に、ふさわしい人物としていたわけである。高齢で病弱になったノーベルは、消化器の障害や全般的な活力の低下など、ほかならぬ自身の健康問題を生理学者たちが研究することを希望していた。おそらく寄贈時に添えた手紙に、研究所の実験で健康な動物の消化器を病気の動物に移植できるかどうか、あるいは健康な動物（ノーベルはキリンを提案していた）から輸血すれば病気の動物は治るのかどうか確かめてもらいたいと書いたのだろう。パヴロフはノーベルの第二案を実行しようと、二頭の犬の循環系を縫いあわせてみた。だが失敗をくりかえし、結局この計画を断念している。

パヴロフはノーベルの寄付金を使ってまさに希望どおりの研究所を建設した。石造りの二階建てで、地下に犬舎、一階に三つの実験室があり、二階は実験動物の手術および回復用の複合施設になっていた。パヴロフはとりわけ二階を誇りにし、世界初の「生理学研究所内の手術専門部」と呼んでいた。この手術複合施設は緻密に設計され、慢性実験用の犬の手術と回復を可能とするものだった。犬はひとつめの部屋で洗われて乾かされ、ふたつめの部屋で手術の準備

アルフレッド・ノーベルの寄付金で建てられた2階建て石造りの研究棟。右端がパヴロフの翼で、当初はここに全科学部門がはいっていた。

手術・回復施設の入り口にある実験室。パヴロフはこの施設を世界初の「生理学研究所内の手術専門部」と呼んだ。

をほどこされ、三つめの部屋で手術を受ける。器具の殺菌や手術担当者の手洗い、清潔な衣服の着用のために別室が用意されていた。手術室の隣には回復用の犬の個室があった。つまり、パヴロフの犬たちは優良な病院にいる人間の患者さながらの手術と看護を受けたのである。

なぜパヴロフはほかの動物ではなく、犬で実験したのか？　ひとつには、消化系が人間に似た哺乳類で、比較的入手しやすく、安価なものを使いたかったからである。ウサギは手術後に死にやすく、豚は「平穏が必要な生理学実験」には「神経質で敏感」すぎることをパヴロフは知っていた。猫は大嫌いで、「やかましい悪意のある動物」と名づけたほどである。それに対し、犬のことは実験の理想的なパートナーと評していた。「われわれは痛みとともに認めなければならない。おおいに知能が発達しているからこそ、人間にとって最良の家畜――犬――は、何よりも生理学実験の犠牲者になりやすいのだと。術後、回復した動物が長期にわたって観察下におかれる慢性実験では、犬に代わるものなどない。しかも、犬はひじょうにけなげだ。自分が受ける実験の参加者といってよく、その理解力と従順さで研究を格段に成功しやすくしてくれる」。

数百頭の犬がパヴロフの研究所をとおりすぎていったが、どれが彼のお気に入りだったかについて疑問の余地はない。それはセッターとコリーの雑種で、研究所でつけた名前はドゥルジョク（ロシア語で「小さな友」を意味する）。このドゥルジョクは、とりわけ重要で複雑な手術を生きのびた最初の犬として有名になった。このオス犬につくられた「分離小胃」から、パヴロフと協力者たちは初めて胃の消化作用全体を詳細に調査できたのである。

胃瘻《いろう》と食道切開術でこの作用を調べることはできなかったのだろうか？　犬に胃瘻をつくって食事をさせた場合は、胃液と食物が混ざって排出される。食物と胃液を分けて、胃液を入念に測定することは不可能だ。また、胃瘻に加えて食道切開術をほどこした場合は、食物が実際に胃に到達することはない。そうした犬は、食欲が果たす重要な役割を証明するなら申し分ないが、食物が胃に到達したときの様子を知る助けにはならない。分離させた胃によって、パヴロフは胃における消化の二段階をともに調べることが可能になった。第一段階は、彼がすでに証明してみせた食欲に起因するもの。第二段階は食物が胃に到達したときにはじまるものだ。

分離小胃の手術では、犬の胃が大小に分割された。犬がえさを食べると、食物が大きな胃に到達して胃腺を刺激する。小さな胃は大きな胃と神経でつながったままなので、食物に対してまったく同じ反応をするはずだとパヴロフは考えた。ただし、この小さな胃は、食物が到達しないように大きな胃から分離され、かわりにここからは胃瘻が犬の体外にのびている。ドゥルジョクがえさを食べると、パヴロフは小さな胃での胃液分泌を測定し、そこから多様な食物に対する大きな胃の反応を知ることができた。

一八九四年から一八九七年までの三年間、パヴロフと協力者たちはドゥルジョクにさまざま

研究所の庭で実験用の犬を散歩させる研究員たち。一頭の犬が脱走したと伝えられる。

な食物をあたえ、毎食後、犬の分離された胃袋から流れる胃液を採取した。そしてその胃液の量と強さを分析した。一回の実験――ドゥルジョクがえさを食べた時刻から、胃瘻から胃液が滴《したた》らなくなる時刻まで――に、八時間ないし一〇時間かかることもしばしばだった。その間、協力者たちはおおむね根気強く待ち、ドゥルジョクの身体の下でカップを支え、胃瘻から滴る胃液を受けとめなくてはならなかった。ここで大事なのは、微動だにせず、音もたてずにいることだった。音や動きはドゥルジョクを興奮させ、気分や食欲に影響をおよぼし、実験結果が変わるおそれがあったためだ。必然的に障害は何度も発生し、その都度パヴロフと協力者たちは、ドゥルジョクの気分の変化が実験結果を左右したのか、もしそうなら、どのように左右したのか判断を迫られた。こうしてドゥルジョクの実験から基本的な結論に達すると、パヴロフはそれを協力者たちとともに第二の犬、スルタンで検証した。

パヴロフが科学上の成功をおさめた要因の一部はすでに見てきた。重要なテーマに関するすぐれた見解、鍵となる疑問を解決する実験を考案する能力、外科技術、斬新なテクニック（手術で変化を加えた動物を道具として使用するなど）、設備の整った研究所と協力者たち。実験結果に対する彼の解釈をよく見れば、もうひとつ偉大な科学者にそなわる重要な特徴に気づくだろう。それは豊かな想像力だ。教科書から情報を得ることや、科学の授業であらかじめ教師から望ましい結果を教えられて実験をすることと、大型動物の消化器のように複雑なものについて前例のない実験をするのはまったく別である。どんなに構想の練られた実験でも、結果は乱雑になりやすい。乱雑な結果を眺《なが》めてパターンを見いだそうとする際、パヴロフはきわめて大胆だった。

ここでしばし、パヴロフになったつもりでドゥルジョクとスルタンの実験の結果を見てみよう。ドゥルジョクの実験から、パヴロフは胃腺が食物の種類によって異なる反応をもたらすと判断した。言い換えると、犬が二〇〇グラムの肉を食べた場合、胃腺からの分泌は特定のパターンを示し、二〇〇グラムのパンを食べた場合は、別のパターンを示す。パヴロフは同じ量の同じ食物に対する反応は毎回まったく同じになるはずだと考えた。当然のことながら、結果はまったく同じだったわけではない。パヴロフはその原因を犬の気分や食欲の変化、あるいは二頭の犬の性質のちがいに求めた。だが、一方で彼はそこに重要なパターンが見えるとも考えた。

パヴロフは実験結果をグラフ化してみた。横軸が時間、縦軸が胃液の量のグラフである。それを見ると、二頭とも肉のグラフは最初の一、二時間で頂点に達し、二時間目に横ばいになって、その後ゆっくり低下する。パンのグラフは最初の一時間で頂点に達し、急激に低下する。ミルクのグラフは二、三時間目に頂点に達すると、しばらくその状態を保ち、それからしだいに低下する。

では、肉のグラフでのドゥルジョクとスルタンのちがいについてはどうか？　パヴロフはふたつのグラフは基本的に同じであり、若干のちがいは実験上の制御不能な変数の結果として説明がつくと考えた。たとえば、スルタンの肉のグラフはドゥルジョクよりはるかに高くまで上昇している。パヴロフの理論によると、考えられる理由はいくつかあった。スルタンのほうが胃が大きい、ドゥルジョクより肉を好む（より多くの「食欲胃液」が分泌される）、ドゥルジョクより体液が多い、実験中に何かがスルタンを興奮させた、など。なんらかの方法でこうしたスルタンとドゥルジョクのちがいを消すことができれば、ふたつの実験結果はぴったり一致したはずだとパヴロフは考えた。

別の科学者がこうしたグラフを見て、パヴロフが見いだしたようなパターンは存在しない、有意ではないと判断することは十分考えられる。そして、肉のグラフ、パンのグラフ、ミルクのグラフなどと分類できるものではないと結論づけたとしてもおかしくない。ここが科学における重要な点である。同一の実験結果から正反対の結論が導かれることはめずらしくない。科学では、何より想像力と解釈が肝心なのだ。

パヴロフの実験結果の解釈は、消化系に関する基本的な考えと結びついていた。それはすなわち、消化系とは「複雑な化学工場」であるというものだ。原料（食物）がとおる消化管は、基本的に長い管（大きな工場の作業場のようなもの）にほかならない。食物が消化管を下る際には、さまざまな「工房」に情報が発信される。こうした工房は消化腺に相当した。口腔《こうくう》内の唾液腺、

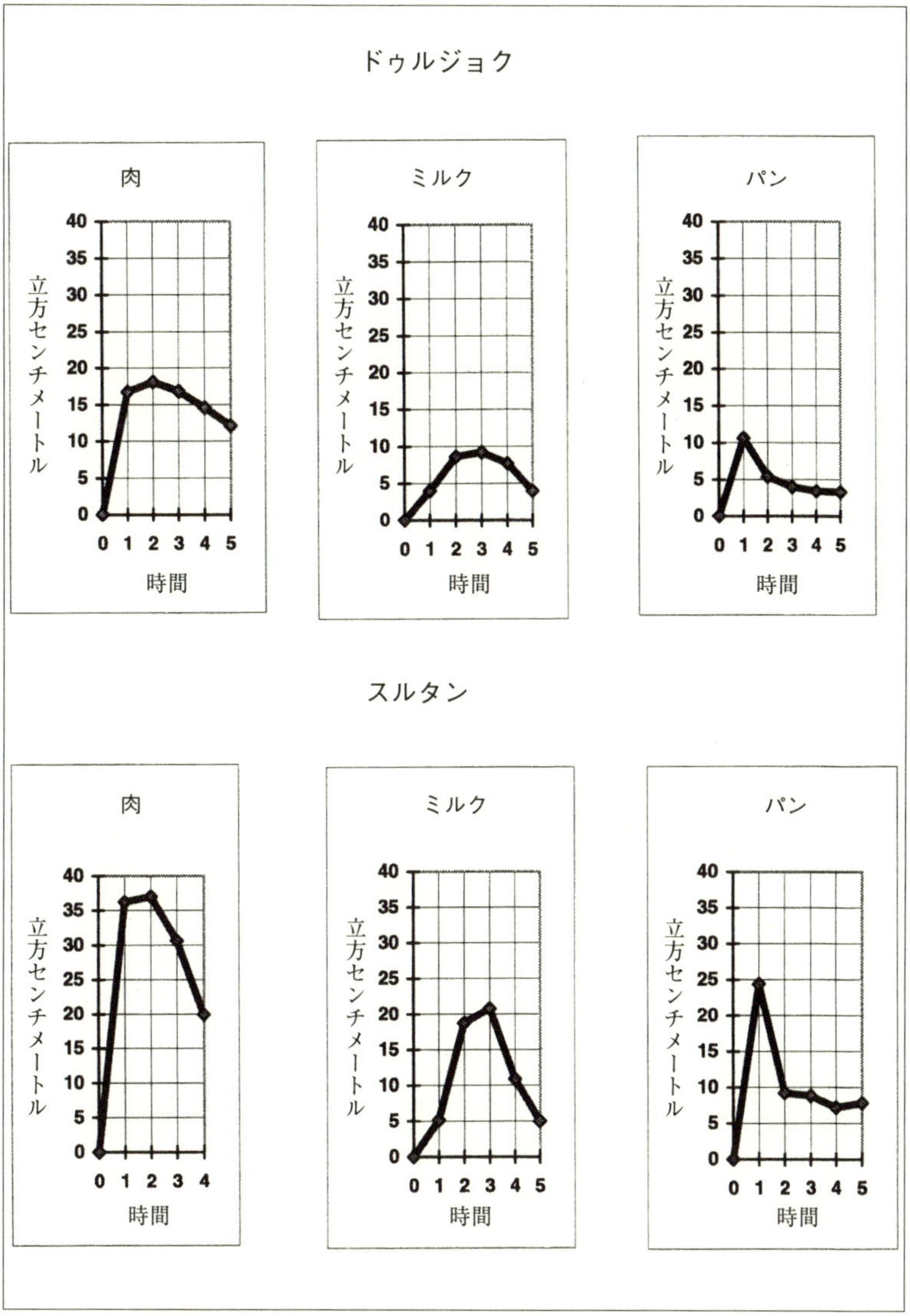

このグラフは、実験犬のドゥルジョクとスルタンが肉、ミルク、パンを摂取したときの胃液の分泌量に関するパヴロフの実験結果を示している。

胃のなかの胃腺、食物が胃から腸へ移るときに膵液《すいえき》を注ぐ膵腺などがそうだ。

パヴロフによれば、消化管が消化腺に送る情報は、特定の製品の材料を提供する小さな工房に対して工場が送る注文のようなものだった。たとえば、製鉄工場では工場長がある工房に特定の道具を、別の工房に特定の化学薬品を、さらに別の工房にふたつめの薬品を発注する。同様に、消化管は個々の注文を専用の神経経由で各消化腺に送るわけである。その注文の内容は、つぎのようなものだ。「肉が八オンス〔一オンスは二八・三四九グラム〕あるので、この食事の消化に必要な量と種類の消化液を頼みたい」。そして数分後には、「今度はミルク六オンスが運ばれてくる。この食材に最適な種類の消化液が欲しい」。すると消化腺は適切な消化液をつくって消化管に送る。こうして肉とミルクは血液に吸収可能な形態に分解され、動物の体内を循環して、栄養とエネルギーを提供するのである。

この「消化機械」がとりわけ複雑なのは、そこに一種の「幽霊」が住み着いているからだった。すなわち動物の精神――その性格と変化する気分、食物の好み――である。以前、パヴロフとエカチェリーナ・シュモヴァ゠シモノフスカヤが胃液の分泌で食欲が果たす重要な役割を証明したことを思い出してほしい。犬が食事を楽しむと、実際に食物が胃に到達しなくても胃腺は胃液をつくりはじめた。胃液にとって、「食欲は第一にして最強の刺激剤である」とパヴロフは書いている。

パヴロフが新しい研究所でおこなった初期のある実験から、動物が空腹であれば、食物のかけらを目にしただけで胃液が分泌されることが示された（一部の科学者は数年前にこれに気づいたが、この現象を実験室で規則的に発生させることはできず、したがってこれが消化の正常な機能であると同業者たちを納得させることもかなわなかった）。

この幽霊は、毎回同じように行動するわけではなかった。パヴロフは、人間と同じで犬もそれぞれ好物が異なり、食べ物の好き嫌いは日ごと、刻一刻と変化することに気づいた。性質も人間と同じで、犬によってまちまちである。食べ物に関して「欲ばり」な犬は、食欲胃液の分泌量が多い。「夢見がち」な犬は食物を見ただけで胃液を分泌させるだろう。「冷静」な犬の胃腺は食物を口にするまで活動をはじめない。侮辱に敏感で「悪賢《わるがしこ》い」犬は、実験者が食物を見せても与えずにいると、からかわれていると思い、そういう場合に空腹の人間がとるような反応を示す。つまり、腹を立てて実験者から目を背けるばかりで、食事を期待して胃液を分泌することはない。

こうした理由から、犬の性質と気分は消化器官に予測できない要素を加えている。犬の気分と性質の特徴を述べる際、パヴロフは胃液の分泌パターンと犬の行動の主観的解釈の双方に左右されていた。だが肝心なのは、こうした実験が毎回同じ結果になるわけではないという点だ。まさにこの理由――犬の精神は予想しにくい――から、これは単純な反射作用ではないとパヴ

「耳が缶切りの音を聞きつけると……」「すぐに胃は晩ごはんが届くってわかる……」

「耳はどうやって胃に伝えるんだろう」「わかったためしがないや……」

スヌーピーの疑問に対するパヴロフの答えはこうだろう。音が犬の食欲を刺激し、食欲が迷走神経を興奮させ、迷走神経が胃のなかの胃腺に分泌をさせるのだと。後年、パヴロフはこの「食欲胃液」を条件反射として分析する。

ロフは考えた。

もうひとつ重要な事実があった。「食欲胃液」がなければ、ほとんどの食物は消化されなかったのである。食物はそのまま胃にのこって腐ってしまう。「消化機械」のなかの幽霊——食欲と性質——は明らかに、消化作用上、ひじょうに大きな役割を果たしていた。

パヴロフは、こうした実験によって一部の人たちが消化不良を起こす理由が説明されると考えた。たいていの場合、人びとは急いで食べて、食べ物に注意をむけていない、あるいは食事のときに心配事があったり上《うわ》の空だったりした。そのため、食物の消化に必要な「食欲胃液」をつくっていないのである。これを科学的には理解していないにせよ、人間は食欲を増進させるための習慣や風習を育んできた。たとえば、食事用の部屋を独立させることには立派な科学的根拠がある。食事と生活の雑事を切り離せば、食べ物に集中しやすくなるからだ。もうひとつの例として、人びとは世界じゅうどこでもさまざまな香辛料を使って食べ物の風味を豊かにしていた。つまり、食事の際の食欲を増進させていたわけである。

パヴロフは消化器についての研究結果を『主要消化腺の働きに関する講義』(一八九七年)という本にまとめた。そこでは消化系の工場のような機能を分析するとともに、神経系が全工程をどう制御するか解説し、動物の精神が果たす重要な役割を説明している。パヴロフにとって、消化系は動物機械による環境への完璧な順応の好例だった。それは「芸術的機構であり、自然の万物のごとく、精妙さと内なる意図をそなえている」と彼は書いている。

この結論は数百頭の犬に対する数千回の実験の成果であり、それを実施したのは数多くの協力者であることを、パヴロフは強調した。彼は実際に実験を担当したおおぜいの協力者たちの名前を挙げ、その栄誉を称えている。彼が提示した消化系の新たな姿は、「全員が吸収し、全員が貢献した研究室全体の雰囲気」の賜物《たまもの》だった。

一九〇〇年には、パヴロフの名は世界じゅうの医師や科学者にとどろいていた。研究所で働いた医

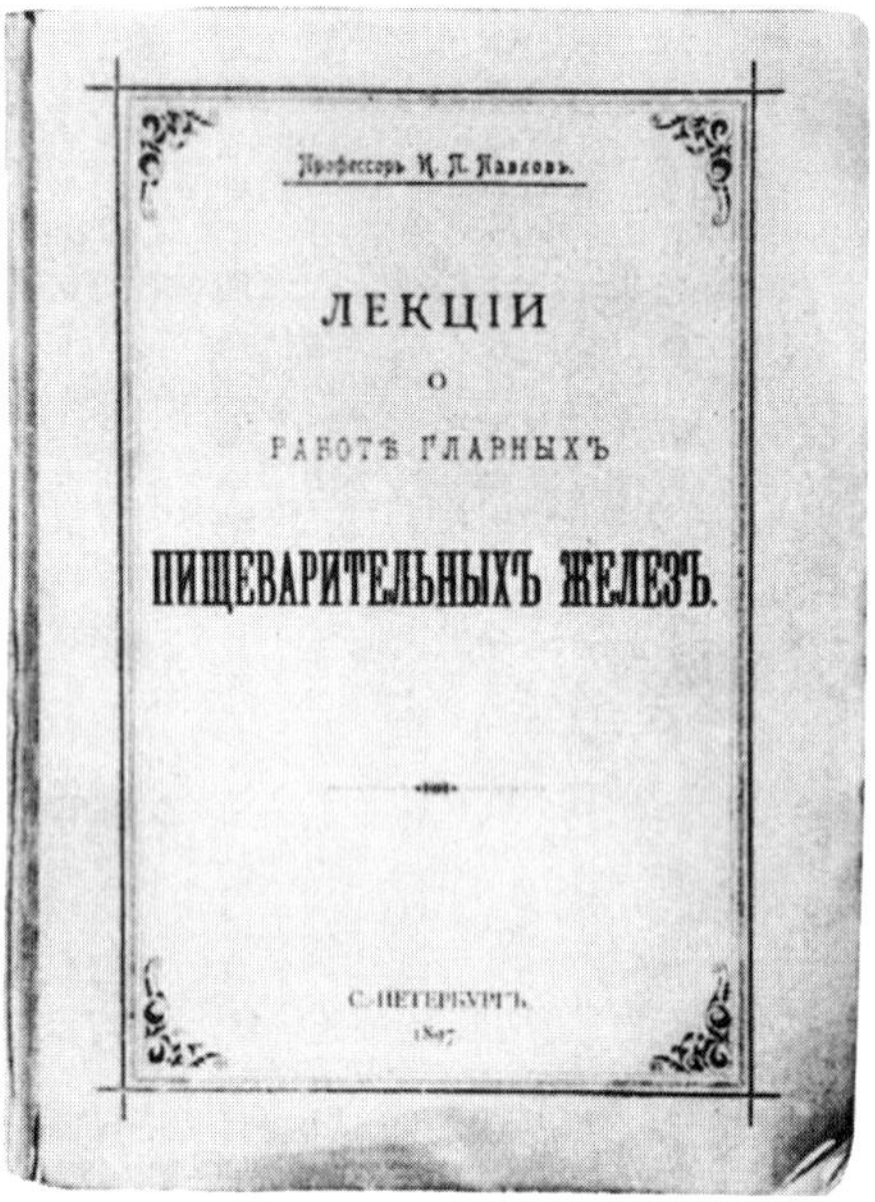

パヴロフの1897年の著書、『主要消化腺の働きに関する講義』の初版本。まもなくドイツ語、フランス語、英語に翻訳され、パヴロフに世界的名声をもたらした。

師たちが医療の現場に復帰し、パヴロフの研究について広く伝えた。世界各地の科学者が研究所を訪れ、パヴロフが完成させた独特な外科手術の方法を学んだ。一八九八年には、協力者のひとりがパヴロフの著書をドイツ語に翻訳し、フランス語版と英語版も数年のうちに刊行される。こうしてパヴロフの発見は、ロシア語を読める者が少なかった西ヨーロッパや米国の同業者たちにも参照しやすいものとなった。

そのころ、パヴロフはロシアの生体解剖反対運動によって攻撃を受けるようにもなっていた。ロシア動物愛護協会は、科学実験での動物の使用を制限もしくは廃止することを目的として、世紀の変わり目に米国やヨーロッパにあいついで現われたグループのひとつにすぎない。だが、ロシア協会は生体解剖を動物の「残酷で無益な虐待」と決めつけ、ときには会員がパヴロフの講義に出席し、一部の実験犬を襲った悲運について切々と訴えた。一九〇三年、ロシア協会が会員の承認した実験のみ許可すべきだと主張すると、パヴロフは軍医学校の同僚たちとともに、動物実験の科学的価値を擁護する返答を作成し、こう論じた。生体解剖を禁じるのは事実上、医師に人間で実験するよう強いること、つまり、実験動物でテストしていない薬品を人間でテストすることである、と。さらにパヴロフは、実験によって動物の命を奪う結果になったときに感じた「深い悔恨《かいこん》」について個人的な話を書き添えている。「生きた動物を解剖して破壊すると、心のなかで辛辣《しんらつ》な非難の声が聞こえる。その乱暴で不器用な手で、おまえは言葉で言い表わせないほど芸術的な機構を破壊しているのだ、と。しかし私は真実のため、人類の利益のためにそれを耐え忍ぶ」。

一九〇四年、パヴロフはノーベル生理学・医学賞を受賞した最初の生理学者（にして最初のロシア人）となる。彼はセラフィマとともにスウェーデンのストックホルムに赴き、スウェーデン国王、オスカル二世からこの名誉ある賞を受けとった。パヴロフに対する敬意から、国王はロシア語をいくつかおぼえ、こうあいさつして受賞者を驚かせてみせた。「カーク・ヴィ・パジヴァーイチェ（ご機嫌いかがですか）？」。

パヴロフもまた聴衆を面食らわせた。集まった科学者と要人たちは、彼が消化系の発見についてスピーチをするものと思っていた。ところが彼が語ったのは、もっぱら別のテーマに関する最新の調査についてだった。当時パヴロフは、「消化機械」のなかの「幽霊」――食欲と精神――の研究をしていた。「人生でほんとうにわれわれの興味をひくのはひとつだけ。それはわれわれの精神生活です」と彼は説明した。これまで芸術家、作家、哲学者、歴史家たちが、人間の思考と感情の本質にとり組んできた。今度は生理学者の番である。場内にいた大半の人にとって、「条件反射」と「無条件反射」という言葉を耳にするのは、このときが初めてだった。この言葉はやがて、消化作用の研究以上に大きな名声をパヴロフにもたらすことになる。

二〇年前、セラフィマへの手紙にパヴロフはこう書いていた。いつの日か「人間生命の科学が……でもすぐにじゃない、すぐにということはない」。だがこのとき彼は、まさにそうした科学への鍵を見つけたと考えていたのである。

THE PAVLOV ISOLATED STOMACH

パヴロフの分離小胃

パヴロフは正常な消化作用を調査するために分離小胃をもちいた。分離した嚢をつくった最初の人物ではないが、ドイツ人生理学者ルドルフ・ハイデンハインが先に実施した手術に彼は重要な変更を加えた。ハイデンハインは分離嚢をつくるために、迷走神経（脳から胸郭をとおって腹部に達する神経）を切断したが、迷走神経は消化上、大きな役割を担っている。したがって、パヴロフにすれば、ハイデンハインの嚢は正常な

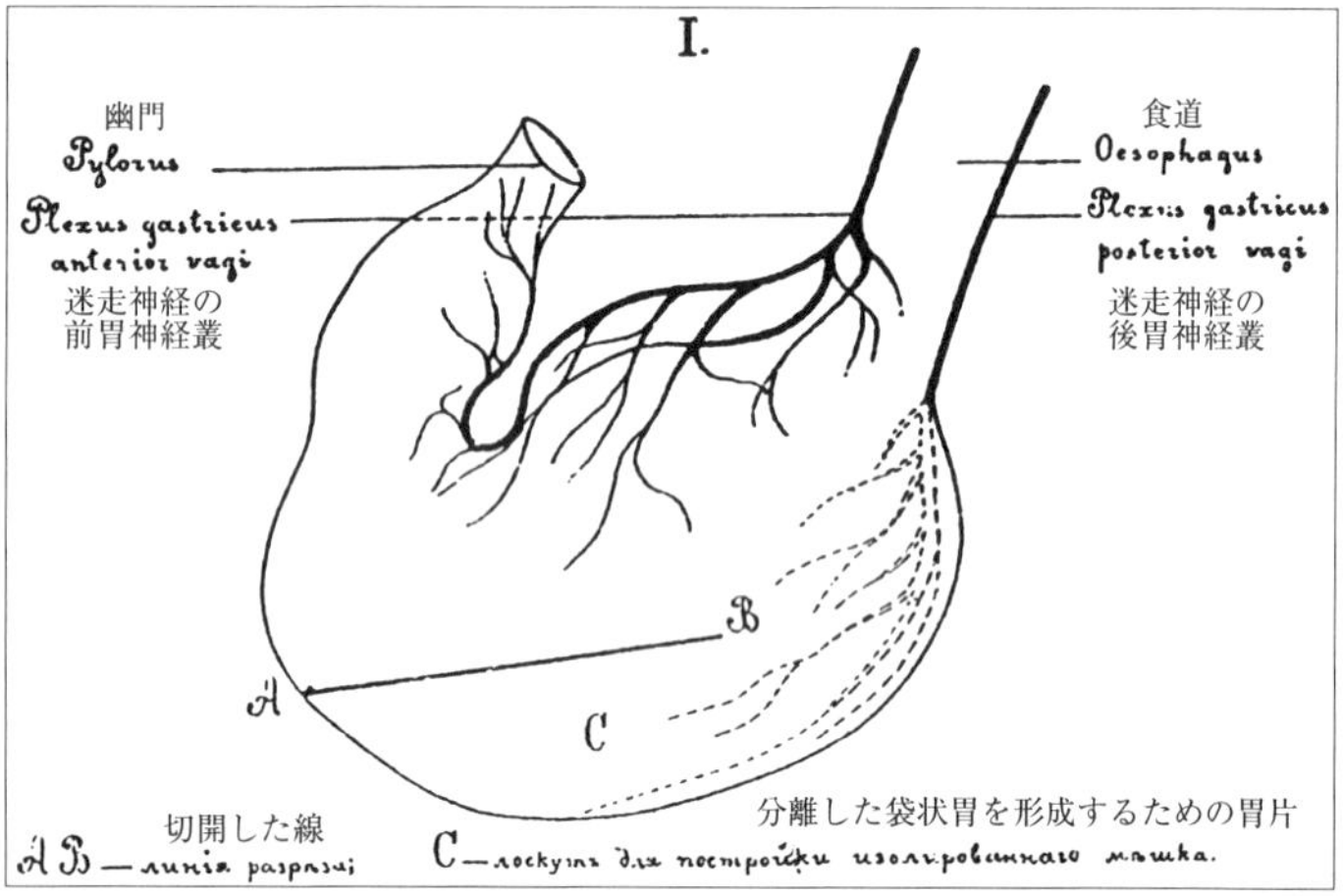

消化作用をゆがめるものでしかない。パヴロフはこの重要な神経接続には手をつけずに分離嚢をつくる方法を考案した。おかげで手術はずっとむずかしくなったが、パヴロフの考えでは、食物に対して正常な胃とまったく同じ反応をする小さな胃をつくることが必要で、彼の実験にはそれが不可欠だった。このむずかしい手術が、パヴロフの世界に名を馳《は》す高度な外科技術の象徴となる。その手法を学ぶために、外国の科学者たちが続々とサンクトペテルブルクを訪れた。

ここに挙げるふたつの図はパヴロフの『主要消化腺の働きに関する講

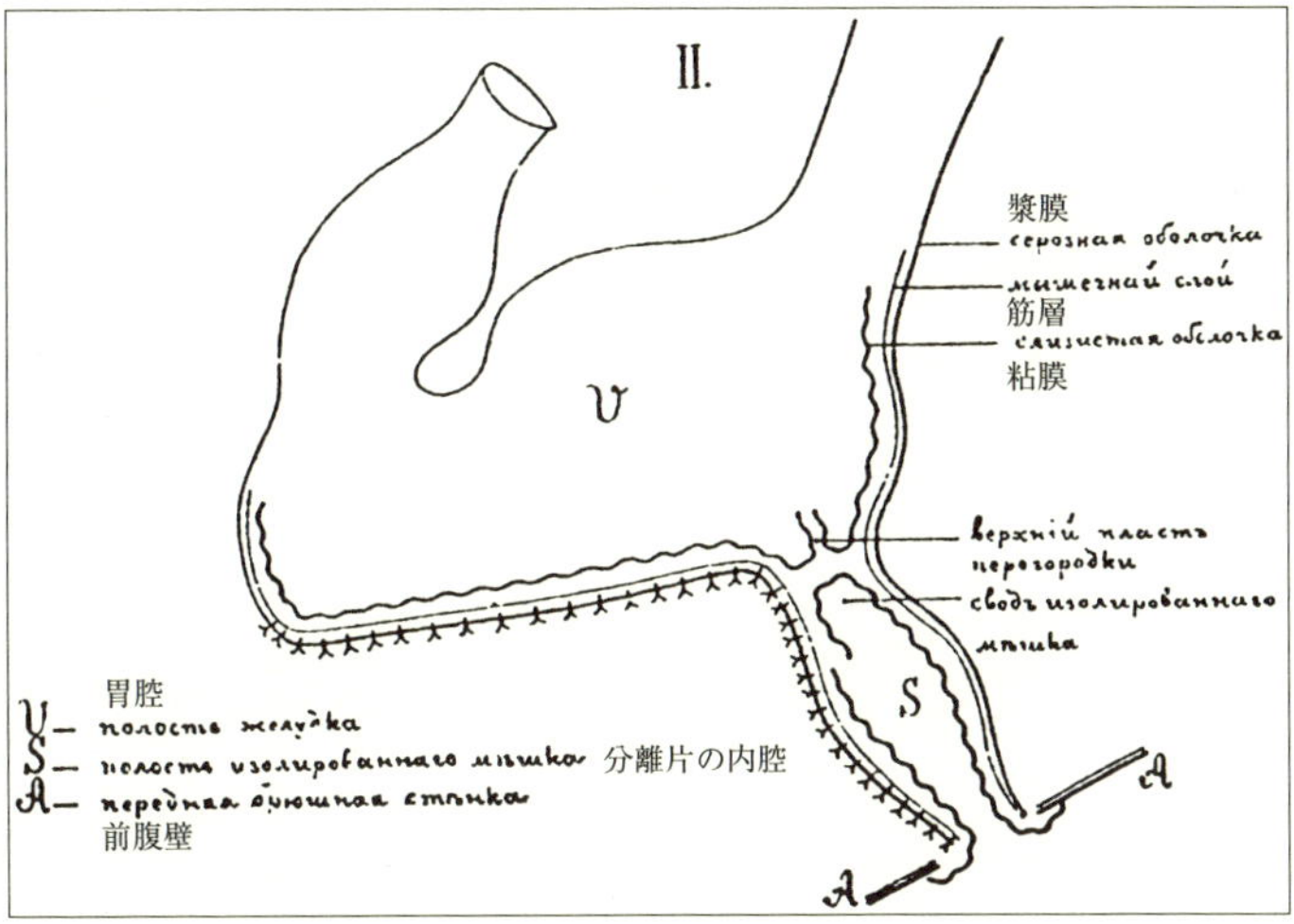

義』から転載したものである。図Iに描かれているのは手術前の犬の胃だ。犬が食べると、食物は食道を下って胃（領域C）にはいる。直線ABはパヴロフが切開する場所で、ここにつくった嚢が小さな胃になる。図IIは手術後の胃。食物はやはり食道をとおって大きな胃（領域V）にはいる。小さな胃（領域S）は神経で大きな胃とつながっているため、従来どおり食物に反応する。ただし、大小の胃のあいだには粘性の層（粘膜）があり、食物が小さな胃を汚染することはない。

〔図I、IIの図中の訳は、ハ・エス・コシトヤンツ編『パヴロフ選集（上巻）』（東京大学ソヴエト医学研究会訳、合同出版社、一九六二年）、E・A・アスラチャン著『パヴロフ　その生涯と業績』（柘植秀臣・丸山修吉訳、岩波新書、一九五五年）による〕

Why a Factory?
Metaphors in Scientific Thinking

なぜ工場なのか？　科学的思考におけるメタファー

パヴロフが「消化系は複雑な化学工場である」という着想を得たのが、まさにロシアで産業革命が進行していた時代だったのは興味深い。英国でこのプロセスがはじまってから約一〇〇年後の一八八〇年代から一八九〇年代、ロシア中に大型工場がつぎつぎに出現し、従来、商品の製造を一手にひき受けてきた小さな工房にとって代わった。サンクトペテルブルクは工場生産の中心地にして、あの有名なプチロフ工場〔当時のロシア最大の重機械工場。ロシア革命のきっかけとなる大ストライキがおこなわれた〕などの本拠地となった。

ロシアの知識人たちは、この新たな展開がロシアの生活にとって意味するところを論じ、新聞は工場による大量生産のよしあしを問う議論にあふれた。工場の出現が意味するのは、虐《しいた》げられた労働者階級や、かねと物への執着など、西ヨーロッパの生活の最悪な特徴をこの国が獲得しつつあることだと考える者もいた。一方には、新しい工場の建設はひじょうに明るい進展であり、ロシアに必要なものを効率的に製造することで、国の経済力と国力を強化するだろうと考える者もいた。

現実の工場の台頭がパヴロフの消化系の見方に影響をあたえた可能性は高い。もしそうだとすると、これは歴史上に数ある、科学者が日々の生活もしくは母国の生活にもとづく比喩《メタファー》を使って自然を理解した例のひとつにすぎないことになる。

結局のところ、自然はかぎりなく複雑である。自然を見るとき、私たち――ここでも科学者は例外ではない――は目に見えるもののどれが重要で、どれがとるに足らないか判断しなければならない。ある意味、これは空の雲を眺めるのに似ている。たとえば鳥や野球のスタジアムのことを考えていたなら、雲のかたちのなかにそういうものが「見える」かもしれない。鳥や野球のスタジアムを見たことがないとしたら、それはありえないはずだ。心理学者と哲学者の多くは、何かを考えるときに比喩を使わずにいるのは不可能だとしている。

だからこそ数百年にわたり、偉大な思想家や自然の探究者たちは、自然のなかに「存在の大いなる連鎖」を見たと考えたのである。そこでは生命のあるなしを問わず、もっとも高等なものからもっとも下等なものまで、すべてが大いなる連鎖をなしている。彼らの文化と生活様式から導かれたこの考えは、自然のなかに見えるものを系統化し、解釈するのに役立った。これに対し、一九世紀の偉大な博物学者、チャールズ・ダーウィンは、自然のなかに「生存競争」を見いだしたが、この概念は当時、彼の母国イギリスの日常の一部となっていた社会・経済上の大いなる闘争に影響を受けたものだ。偉大な機械時計が近代の発明としてもてはやされた時代、多くの心理学者は人間の精神を時計として考えた。コンピュータが普及した現在、多くの現代の科学者は脳をコンピュータとして考える。

これはなにも、科学とはたんなる見解の相違——自然に対する見方は人それぞれで、どれがすぐれているかはわからない——ということではない。科学の場合、観念（あるいは理論）と事実の関係はそれよりずっと複雑であり、当初は意見を異にしていた科学者どうしが、往々にして共通の結論にたどり着く。そのとき彼らは特定の比喩をどう使えば有効で、どう使えばそうでないかを判定することができる。

しかし科学的思考におけるメタファーの重要性から想起されるのは、科学者も人間である以上、その発想は自身の生活や時代に影響されるということだ。パヴロフが「脳はコンピュータだ」と考えられなかったとすれば、それはコンピュータがまだ発明されていなかったためである。また、ロシアでも工場や工場をめぐる議論のない地域に住んでいたら、消化系について別の考え方をせざるをえなかっただろう。

第四章　沈黙の塔

パヴロフのノーベル賞受賞スピーチは、彼が「消化機械」のなかの幽霊について考えをあらためたことを示すものだった。パヴロフは長年にわたり、精神を科学的方法で研究することはできないと考えていた。科学で研究できるのは決定論的作用だけだというのが彼の持論だった。「決定論的」とは、作用が物質界の法則にしたがうことを指し、したがってパヴロフの見解では、機械的ということを意味する。これはすなわち、条件が同じなら、毎回まったく同じことが起こるということだ。たとえば、同じ腕時計のぜんまいを同じやり方で一〇回巻いた場合、時計はきっかり同じ時間だけ動くだろう（ただし、時計の部品が磨耗しはじめるまでは）。同様に、実験者が同じ犬に同じ量の同じえさを一〇回あたえたら、胃は毎回まったく同じ量の胃液を分泌するはずである――ただし、犬の精神が関与しなければ。

まさにそれが肝心な点だった。どうやら精神は機械と同じようには作用しない。そのときどきで異なる反応を示し、犬の気分や性質、食物の好き嫌いに左右される。これが、パヴロフが

1904年のパヴロフ。消化作用に関する研究でノーベル賞を受賞したその年、彼の関心はすでに条件反射へと移っていた。

長年、精神を科学的に研究することはできないと考えていた第一の理由だった。

第二の理由は、精神は客観的に研究できないから、というものだった。パヴロフにとって客観的であるとは、目に見えるものやにおいを嗅《か》げるもの、さわれるものを使って対象を分析することだった。数えたり計測したりできるものが使えればなおいい。こうしたやり方で初めて、科学者は対象について真理を確立できる。たとえば、鉄のボールと紙のボールが空中を同じ速度で落下するかどうかを知りたい場合、科学者はふたつのボールを同時に落とし、どうなるかを確認すればいい。ふたりの科学者が異なる結果を得たなら、両者は実験を比較してどちらが正しいか判断することができる。

だが、動物の思考や感情がわかる者はいない。同じ犬が同じことをするのを観察したふたりの科学者は、その犬が考えていることや感じていることについて異なる意見をもつ場合がある。実験者がステーキを食べさせようとして犬にそっぽをむかれたとしたら、その犬は何を考え、何を感じているのか？　ある人は、犬は腹がへっていないと考えるだろう。またある人は、肉が好きではないのだと考えるだろう。さらに別の人は、犬はからかわれていると思って気分を害したのだと結論づけるかもしれない。パヴロフにとって、そうした意見が科学的であるはずはなかった。客観的ではありえないからである。どんな実験をしても、これに関して誰が正しく誰がまちがっているかの決着はつかない。

だが、ノーベル賞を受賞したとき、パヴロフはこう考えるようになっていた。おそらく精神も決定論的な作用の仕方をするだろう。そして、自分はそれを研究する客観的な方法を見つけたのだと。彼は犬の精神に関する実験は可能であり、その際、犬が何を考え、感じているかを推測する必要はないと信じていた。それどころか、研究室で協力者が犬の感情や思考に言及すると、それを非科学的な習慣と断じ、小額の罰金を科すまでになる。

パヴロフはおよそ六年をかけて――本人の言葉を借りれば、「たえざる熟慮」と「困難な知的闘争」のすえに――考えをあらためた。彼はこれを独力で果たしたのではない。新たな実験を設計し、精神の研究にアイデアを提供した協力者が数人いる。だが、その結果を独自のやり方で解釈し、全貌の把握と、何より重要な、新しい実験方法の構築につなげたのはパヴロフだった。

つまり、パヴロフは犬の唾液腺を、脳をのぞく窓として使う方法を開発したのである。唾液腺が精神の影響にひときわ敏感であることに彼は気づいていた。異なる状況ごとに犬が分泌した唾液のしずくをかぞえることで、動物が見て、嗅ぎ、聞き、ふれるものを、周囲の状況についての重要な情報に変換する複雑な不可視のプロセスを分析できると考えた。新たなアイデアの例にもれず、これも笑いものにするのはたやすかった。パヴロフの同業者のなかにも、消化系の研究には敬意を示しながら、この新しい研究分野は少々とっぴだと考える者がいた。彼らはパヴロフが「唾《つば》はきの科学」にとり組んでいると茶化し、親友のフィンランド人生理学者、ロベルト・ティゲルステットですら、パヴロフに「こんな気まぐれは忘れて本物の生理学に戻れ」と強くすすめた。

パヴロフ自身、胸の高鳴りと同時に若干の不安もいだいていた。胸を高鳴らせたのは、ついに精神を科学的研究のテーマにする方法を見つけたと思ったためだ。四〇年前には「脳の反射」に関するセーチェノフの展望にこころ躍《おど》らせた。それがいま、みずからこの展望を現実の実験科学に転換しようというのである。うまくいけば、人間の思考と感情の秘密を明らかにし、何が人に愛や憎しみをいだかせ、助けあいやたたかいへとむかわせるかを発見できるかもしれない。あるいは、どうすれば社会が「粗悪な機械」を減らして優良な機械、すなわち、より寛大で聡明で気高いタイプの人間を多く生みだせるかがわかるのではないか。この新たな主題に関する最初の実験にとり組んでまもなく、パヴロフは廊下で数人の同僚をつかまえると、興奮ぎみに告げた。「そうとも、わかったんだ、まさか、こんなこととは! この仕事には何十年もかかりそうだ」。

だが一方で彼は——内心認めていたように——たえず「ひどい疑念に苦しんでいた」。この研究はあまりに斬新《ざんしん》かつ複雑で、自己の解釈に依存する部分が大きい。そのため、方向を誤ったのではないかといつも心配していた。ある協力者の回想によれば、パヴロフはこの新たな研究を「傷つきやすいわが子」と見ていたという。長年にわたる調査を経てなお、彼の不安は有望な実験結果に対する喜びのなかにもはっきりうかがわれた。「見たまえ、この新事実はわれわれのアプローチが正しいことを示している。大きなまちがいを犯していることはまずないだろう」。

パヴロフにとってはもうひとつ、セラフィマがこの新機軸の研究に難色を示したことも問題だった。信心深い女性である彼女にすれば、パヴロフのアプローチは唯物論的で、自由意志と不滅の魂への信仰を揺るがすおそれがあった。精神を科学的に理解すれば、人間は自身と世界をよい方向に変えられると夫が考えたのに対し、妻は宗教と道徳をぐらつかせるのではないかと恐れた。まさにパヴロフの人生の中心にあった科学研究をめぐる食いちがいが、ふたりの親密な関係を損ねたのである。

パヴロフの基本的な考え方を理解するには、犬を飼っている人にはおなじみのふたつのシナリオを考えてみるのがいい。

シナリオ1　犬の口にひと切れの肉を入れると、犬は唾液を分泌する。

シナリオ2　いつもえさをあたえる人が部屋にはいっていくと、犬は唾液を分泌する。

犬の考えや気持ちを推測せずに、各ケースで起きていることを説明するにはどうすればいいだろう？　ふたつのシナリオはどこが同じで、どこがちがうのか？

パヴロフにいわせれば、シナリオ1は無条件反射の例ということになる。すべての動物は、特定の目的を果たす生来の反射作用をそなえている。唾液反射は、犬の口内にある物質に対処しなくてはならないとき、唾液の分泌を引きおこすものだ。その物質が食物なら、唾液中の化学成分が消化を開始し、液体が食物を消化管へ流しこむ。ただし、その物質が有害なおそれがある場合——毒や酸など——唾液は犬の口を保護して損傷を防ぐ。シナリオ1では、犬の口のなかの唾液腺が食物に対して反射的に反応する。これが「無条件」反射であるのは、いかなる条件にも左右されないから——毎回同じように起こる生来の反射作用であるからだ。食物は無条件刺激であり、唾液分泌は無条件反応である。

パヴロフにとって、シナリオ2は条件反射の例となる。ある人物を見て唾液を分泌することは、犬にそなわる生来の反射作用ではない。では、えさをくれる特定の人物を見ると、なぜ唾液を分泌するのか？　パヴロフは、その人物が食物を意味する信号になっているからだと理論づけた。この人物が犬にえさをあたえるたび、犬は食物に対する無条件反射を起こし、それが脳内でその人物の視覚映像と結びつけられる（もしくは「関連づけられる」）。こうして、その人物は条件刺激となり、その人物を見たときの唾液分泌は条件反応となるわけだ。このように、どの条件反射も無条件反射のうえに築かれている。このシナリオ2における唾液分泌が「条件反射」であるのは、特定の条件に左右されるからだ。その条件が変われば、反射も変わる。たとえば、パヴロフと協力者たちはこんな発見をした。いつもえさをくれる人が部屋にはいってきたのに、実際にはもらえなかった場合、つぎにこの人物を見たときの犬の唾液の量はやや少なくなる。そして、この人物がさらに数回、部屋にはいってもえさをやらずにいると、条件反射はまったく起きなくなった。この人物は食物を意味する信号ではなくなり、犬は彼を見ても唾液を分泌しなくなったのである。

パヴロフにとってはつぎのようなことが大問題だった。条件反射は一定の法則にしたがうのだろうか？　無条件反射より複雑ではあっても、無条件反射と同じように確定的で、機械的なものなのか？　条件反射を起こしたり消したり、強めたり弱めたりする方法がわかれば、無条件反射に劣らず予測が可能になるのだろうか？　もしそうなら、一定の法則を使って脳内の実際のプロセスを調べることはできるのだろうか？　パヴロフはやがて、こうした疑問のすべてに「イエス」と力強く答えることになる。

パヴロフにとって、無条件反射と条件反射の存在は、変化する環境のなかで動物がいかに生存し、そこに適応するかを説明するものだった。動物には永久に変わらない一連の無条件反射がそなわっていて、それが生活上の絶え間ない試練に対する準備をしてくれる。だからこそ、

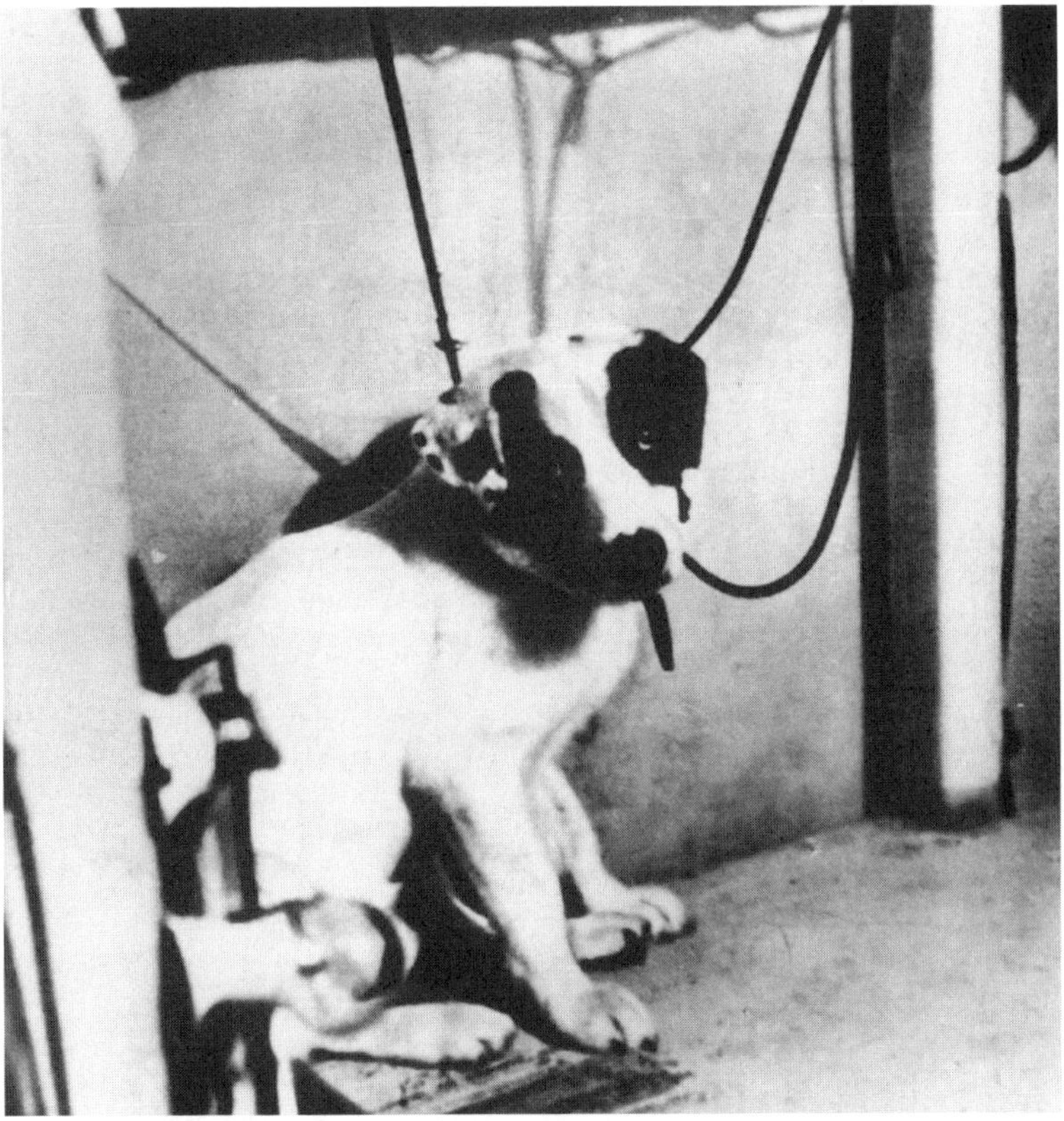

唾液腺が精神の影響をひじょうに受けやすいことを発見したのち、パヴロフは唾液瘻を使った実験を考案して犬の条件反射と無条件反射を調べた。

動物は食物に反応して唾液を分泌し、敵が近づけば牙を剥《む》き、寒さをしのぐために地中の穴にもぐるのである。一方、進化する一連の条件反射は、周囲の環境への適応を可能にするものだ。動く茂みをおいしい食事と関連づけ、大きな音と危険な敵、地面の隆起と暖かい場所を結びつける。こうした条件反射は環境について情報を提供しており、環境が変化すれば、それにともなって条件反射も変化するのだった。

たとえば、一頭のオオカミが何年ものあいだ荒野で暮らし、自分よりも小さな動物を食べてきたとしよう。そして、その小さな動物は茂みを動かすことで、そこに存在するという信号を発するとする。この場合、オオカミは茂みが動くたび、それを――条件反射によって――潜在的な食事と結びつけるはずだ。ここで、時の流れとともにその小さな動物が死に絶える、あるいは別の地域に移住したとする。こうなると、動く茂みはもはや風が吹いたという信号でしかない。動く茂みを何度か調べても小さな動物は見つからず、やがて動く茂みに対するオオカミの条件反射は消えていく。条件反射が一時的であるからこそ、変化する環境への適応が可能になったのである。

したがって、動物の精神生活――その思考と感情――はきわめて複雑な条件反射として科学的にとらえることができる。条件反射と無条件反射の研究は、そうした作用の本質とそれを生みだす脳の特質を明らかにするための客観的な方法をもたらすだろうと、パヴロフは信じていた。そして彼は脳内の複雑な不可視のプロセスを、消化系に関してもちいたのと同様の方法で研究してみせる。協力者たちとともに数千回におよぶ実験をおこない、さまざまな状況に対する犬の唾液分泌反応の基本パターンをその結果に見いだした。

パヴロフは最終的に、こうしたパターンを基本的に三つのことがらの結果として説明できると判断した。ひとつめは、あらゆる環境刺激はふたつの基本的な神経作用、すなわち興奮と抑制のいずれかを導くというものだ。パヴロフは神経系をしばしばローマ神話の門の神、逆方向を向いたふたつの顔をもつヤヌスになぞらえた。一方の顔、興奮は、刺激（光景、におい、音など）をきっかけに神経インパルスが身体の一部を動かすプロセス。もう一方の顔である抑制は、刺激による神経インパルスが身体の一部の動きをさまたげるプロセスである。興奮と抑制の相対的な強弱はたえず変化し、この「力のバランス」が動物の行動を決定する。ふたつめは、興奮と抑制の神経作用は、特定の基本法則にしたがって脳内にひろがり、相互に影響をおよぼすということ。三つめは、神経系には先天的な個体差があるということだ。神経系が興奮を好みがちな個体もあれば、抑制を好みがちな個体もある。こうした生来のちがいから、同一の実験をしても犬によって異なる反応を示すことは説明がつく。パヴロフは、人間の場合も神経系に――興奮と抑制のバランスに――生来の多様性があり、このことによって、ふたりの人間が同じ状況に対して異なる反応をする理由の一端は説明されると考えた。

精神に対するパヴロフのアプローチの力と斬新さは、彼が解決を試みたつぎの難問について考えると理解しやすい。犬の時間の感覚はどのくらい正確なのか？　一分と一時間、五秒と一〇秒のちがいを犬は感じられるのだろうか？　たんに犬を観察し、何を考え感じているかを推測して答えを探ることを想像してみれば、それがいかにむずかしいかわかるだろう。そこでパヴロフと協力者たちは、条件反射の手法をもちいてこれを綿密に研究した。まず空腹の犬をある部屋に入れ、メトロノームに一定のテンポで音を刻ませる。たとえば、一分間に六〇拍という具合に。そしてその一分間の終わりにえさをあたえる。彼らはこの手順を何度か反復し、条件反射を確立した。メトロノームが一分を刻むたび、犬は唾液を分泌するようになった（メトロノームは条件刺激となり、唾液分泌は条件反応となった）。

つづいてパヴロフと協力者たちは、メトロノームのテンポを変え、なおかつ犬にえさをあたえない場合はどうなるかを実験した。たとえば、まずテンポを一分間四〇拍に落とし、一分がたっても犬にえさをあたえない。つぎにメトロノームのテンポを一分間六〇拍に戻し、今度はえさをあたえる。彼らは一分間四〇拍と六〇拍というこの手順を何度かくりかえした。すると最初の数回の実験では、四〇拍の一分間の終わりに犬が唾液を分泌することがわかった。この時点まで、条件反射が形成されていたのは、拍を刻むメトロノームに対してであり、特定のテンポで拍を刻むメトロノームではなかった。ところが何度かくりかえすうち、一分間に四〇拍のメトロノームでは犬は唾液を分泌しなくなる。一方、一分間に六〇拍では確かに分泌したのだった。

この反応はパヴロフのいう分化の作用を示すものだった。つまり、メトロノームの刻む拍は唾液反応を刺激したが、一分間に四〇拍の場合は反応が抑制されるようになったということである。この実験からは、犬の感覚器官がこのふたつの時間間隔を判別できることが証明された。さらに、パヴロフと協力者たちは、実験の際ふたつの時間の差を狭めていくことで（たとえばメトロノームのテンポを一分間に五八拍と六〇拍にする）、時間の経過に対する犬の感度を明らかにした。同様の実験により、光の強さや円と各種の楕円とを区別する犬の能力も立証している。

パヴロフによれば、この分化の作用は、すべての動物（人間も含む）が経験を通じて周囲の世界に対する鋭い理解力を育む手段だった。たとえば、家の前で車が停まると、初めはそのたびに興奮をおぼえるかもしれないが、時がたつにつれ、特定の車――前輪のフェンダーにへこみがある白い車――と母親か父親の仕事場からの帰宅との関連づけが形成される。この関連づけの特異性は、興奮（あらゆる車の到着に対する神経系の反応）と抑制（前輪のフェンダーにへこみがある白い車ではない場合の反応の遮断）の相互作用に由来している。

こうした理由からパヴロフは考えた。複雑な動物の存在そのものが「このふたつの部分――興奮と抑制――の動的な関係に左右される……外界は一方でつねに条件反射を誘発し、一方でたえずそれを」抑制によって「制止する」。そしてパヴロフは結論づけた。この作用を通じて動物は、「いかなるときにも生命の基本法則、周囲の自然との均衡という要請に反応するのである」。

ただし、この反応を巧みに身につける動物もいれば、そうではない動物もいる。パヴロフは、同じ実験に対する反応が犬によってまちまちであることに気づいた。たとえば、ある犬はメトロノームのふたつのテンポをすばやく、一、二回くりかえしただけで識別するのに対し、別の犬は何度もしくじりつづける。パヴロフは、犬は異なる型の神経系をもって生まれるのであり、それゆえ、いわば異なる「性格」になっているのだと結論づけた。神経系における興奮と抑制の強さは、一部の犬は見事に均衡しているが、一部の犬は不均衡がある。興奮しやすく抑制の弱い犬もいれば、正反対の犬もいる。どちらのタイプであれ、神経系が不均衡な犬は、うまく均衡している犬にくらべ、刺激を区別するのも環境に適応するのもずっと遅い。パヴロフは、同じことが人間にもあてはまるはずだと推論した。

動物が環境を正しく鋭敏に理解するためには興奮と抑制の均衡が必要なように、自由と規律のバランスも正しく機能する人間、社会、文化にとっては必要である。あまりに興奮しやすかったり抑制が強すぎたりする人は、現実を正しく理解して適切な反応をすることができない。同様に、特定の「国民型」（ドイツ型、英国型など）の神経系は絶妙な均衡がとれているため、科

実験犬とパヴロフ（中央、着席している）および協力者たち。パヴロフの左隣がW・ホーズリー・ガント、のちにボルティモアのジョンズ・ホプキンズ大学にパヴロフ研究所を設立した生理学者である。

学、文学、産業への傑出した貢献が可能なのだとパヴロフは考えた。ロシア人には不均衡な神経系が多く、その欠陥がこの国の社会発展が遅い一因ではないかと危惧していた。だが一方では、研究所での実験から、弱く不均衡な神経系も適切な訓練と環境によって改善可能であることが示されたと信じてもいた。さらに、後年、パヴロフは人間の神経系の改良を目的とした科学プロジェクトに着手する。

条件反射を研究するために、パヴロフはまったく新しい研究所を設計し、これがのちに「沈黙の塔」として知られるようになった。パヴロフは、犬の条件反射が気温のわずかな上昇や馬車の通過によるかすかな振動など、ごく微妙な変化にも影響を受けることを発見した。だが完璧に正確な実験をするためには、そうした些細なことまで完全に制御しなくてはならない。「沈黙の塔」はまさしくそういう施設、パヴロフがテストする刺激を除き、あらゆるものから犬を完全に隔離する場所だった。建物の壁は厚いコンクリートで、周囲に濠がめぐらせてある。実験がおこなわれる部屋は、外部の振動を弱めるために水の層のうえに浮かべられた。実験をする際、パヴロフと協力者たちは部屋のなかにはいることさえしなかった。特製の機械を使って犬に食物をあたえ、明かりで照らし、メトロノームをスタートさせ、室外から唾液分泌の観察と測定をすることが可能だった。

この研究に従事していた一九〇〇年代前半、パヴロフはわが世の春を謳歌していた。ノーベル賞の受賞は物質的な安楽と世界的名声をもたらした。世界じゅうの科学協会で会員に選出され、一九〇七年には誉れ高いロシアの科学アカデミーの会員となる。三つの独立した研究所を運営し、サンクトペテルブルクにはドイツ、フランス、英国、米国から科学者が続々と訪れ、彼とともに研究し、その科学的方法を学んだ。四人の子どもたちも順風満帆で、フセーヴォロトは法律家、ウラジーミルは物理学者、ヴィクトルは将来有望な科学の学生となっており、ヴェラは父親とともに働き、条件反射の研究をおこなっていた。

研究所の内外を問わず、パヴロフは変わらぬスケジュールに沿って生活していた。九月から五月の前半までは働きづめで、サンクトペテルブルクを足早に歩いて三つの研究所をまわった。金曜の晩は七時きっかりに友人たちがアパートに集まり、カードに興じる。パヴロフは時間厳守と正確さを大事にしていたため、一分でも早く到着した友人は廊下で待ってから、ぴったりの時刻に扉をノックするほどだった。夏は田舎の別荘《ダーチャ》ですごし、園芸や水泳をし、自転車に乗り、小説を読む。また、そんなふうにのんびりしているときも、彼は毎日運動をすると言ってきかず、本人が言う「筋肉の喜び」なるものを味わうのだった。

一九一四年になるころには、パヴロフは世界の頂点に立っていた。六五歳の、経済的に安定した世界に名を馳《は》せる科学者。いよいよ多忙をきわめる彼は、人間の感情と行動を解き明かす鍵を見つける途上にあるのではないかと考えていた。だがパヴロフには知る由《よし》もなかったのだろう。いまにも彼の世界全体がひっくり返り、人生の新たなる劇的な一章がはじまろうとしていたとは。

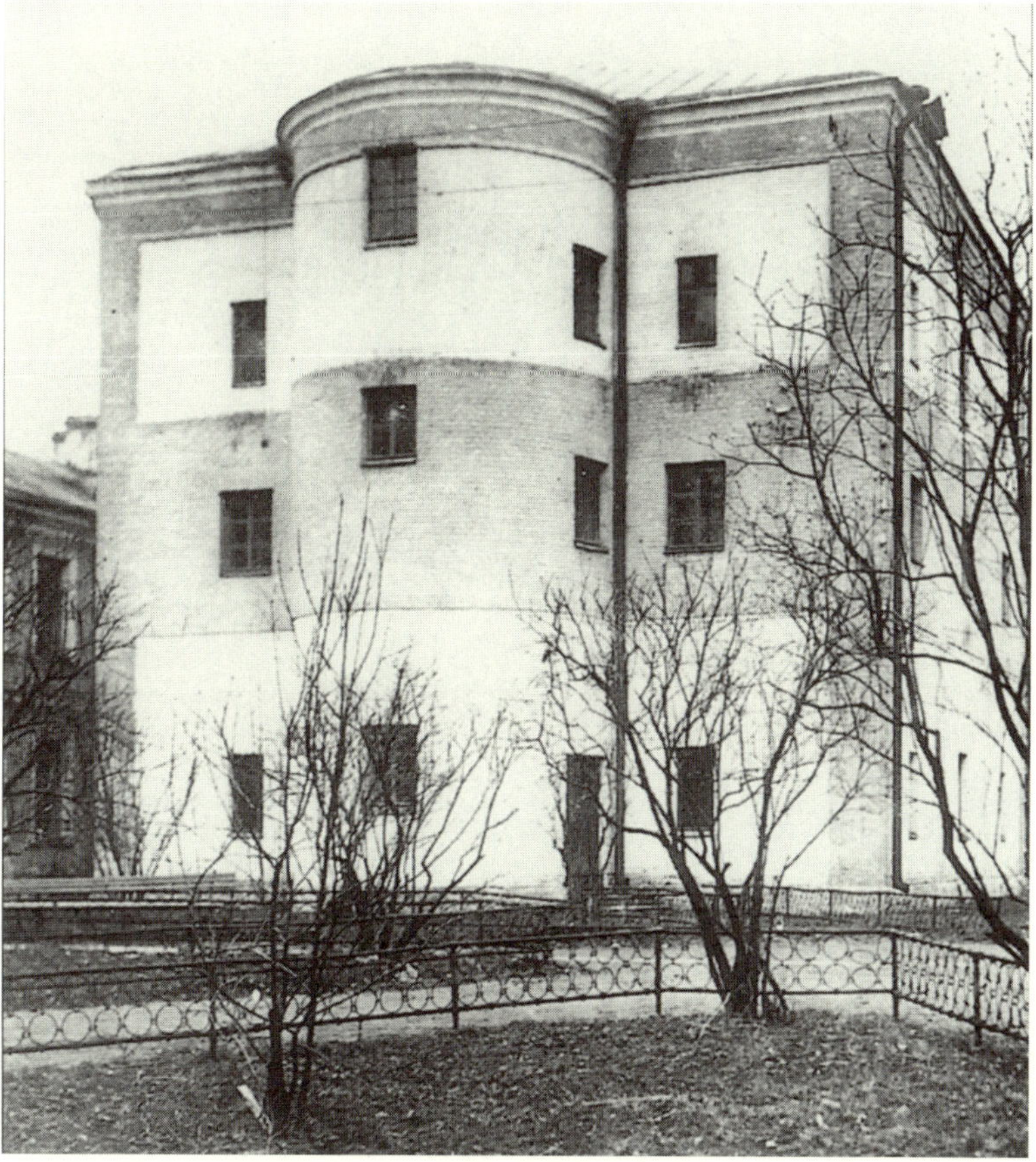

沈黙の塔。厚い壁と断熱床が、パヴロフが実験犬の環境の細部まで制御するために設計された。

第五章　革命後

一九一四年八月、パヴロフの世界は音をたてて崩れ落ちはじめる。第一次世界大戦は帝政ロシアの弔いの鐘を鳴らした。ツァーリ、ニコライ二世の大帝国はあまりに貧しく、あまりに弱く、あまりに政治的に分裂しており、長期戦に耐えられなかった。一時、多くのロシア人兵士が武器ももたずに前線に送られた――戦友が殺されたら銃を拾うよう告げられて。一九一八年の戦争終結までに一五〇〇万人のロシア人兵士が殺戮《さつりく》の犠牲となった。負傷者および、前進するドイツ軍の捕虜となった者は四〇〇〇万人にのぼった。

寒さと空腹に士気をくじかれ、ロシア軍は崩壊し、兵士たちは脱走して散り散りになる。状況は深刻さを増すばかりだった。燃料の不足で工場はおろかパン屋も営業をつづけられず、都市部の労働者は職場を離れ、食料を求めて田園地方にむかった。

そのうえ、ニコライ二世と皇后アレクサンドラは、国民はもちろん、とり巻きの貴族や政府指導者からも信用を失いつつあった。アレクサンドラはシベリア出身の怪しげな農夫、ラスプ

1890年代後半の皇帝ニコライ2世と皇后アレクサンドラ。ニコライの治世にロシアの産業は急成長を遂げ、文学と芸術の「白銀時代」が訪れたが、国民の大多数は貧困なままだった。ニコライ2世とその一族全員はボリシェビキによって1918年に殺害された。

ーチンの影響下に陥っていた。ラスプーチンが皇后の信頼を得たのは、血友病の皇太子アレクセイの出血を止める能力——おそらく催眠療法によるもの——があったためである。息子の命を救える者はほかにいないと思いこみ、その邪悪で不吉な言動にもかかわらず、皇帝夫妻はラスプーチンにすがりついた。ツァーリの冬宮《とうきゅう》は悪の呪縛《じゅばく》をかけられたのだと見るむきは少なくなかった。

一九一七年二月、ロシア国民の一斉蜂起《ほうき》により、ニコライ二世と帝政は転覆し、西欧流の自由を約束する新政府が権力の座についた。だが、その政府は約八か月しかつづかない。一九一七年一〇月、ウラジーミル・レーニン指揮のもと、ボリシェビキ党が政権を握った。

レーニンとボリシェビキ党は、長く苦しんできた民衆に「平和、土地、パン」を約束した。すなわち、戦争の終結と、裕福な地主が所有する広大な土地の農民への分配、新たな社会制度のもと、一般の労働者と農民への豊かな生活の提供を約束したわけで、その新たな社会制度が、社会主義だった。レーニンの説明によると、社会主義のもとではロシアの国土、鉱物資源、工場はもはや富者のものではなく、国家のものであり、国家はそれを少数の利益のためではなく、大多数の繁栄のために使う。一九一七年一〇月二五日、ボリシェビキ党は冬宮をはじめ、サンクトペテルブルクとモスクワのおもな庁舎を制圧し、「社会主義の建設を進めよう」とレーニンは宣言した。

スキーを背負い、機関銃をそりに搭載した1920年12月の赤軍兵士たち。赤軍と白軍による血なまぐさいたたかいは1918年から1921年までつづいた。

だが政権を握るよりも、それを維持するほうがむずかしいことが判明する。ボリシェビキの赤軍と敵対する白軍のあいだで内戦が勃発《ぼっぱつ》した。ボリシェビキは一九一八年にドイツと講和条約を結び、ロシアを第一次世界大戦から撤退させたが、内戦はさらに二年以上にわたってつづけられる。一九二一年のなかばには、血なまぐさい一進一退の戦闘ののちに赤軍が勝利をおさめており、ボリシェビキの国家支配が完成していた。

ロシアは混乱の極みにあった。第一次世界大戦中と内戦のあいだには、飢饉とチフスの蔓延《まんえん》もあって約二〇〇〇万人が命を落とした。国の産業と農業は荒廃し、高等教育を受けた者の多くは国外に脱出していた。

パヴロフにとっては、どん底の時代となった。かねてツァーリを批判してきたとはいえ、彼はボリシェビキを嫌悪し、非現実的な理論で祖国を破滅させる血に飢えた暴君の集まりとみなしていた。食料と燃料が枯渇《こかつ》した内戦中には、仲間の科学者が寒さと飢えのために死んでいくのを見守ることしかできなかった。さらにボリシェビキにはノーベル賞の賞金を没収され、七〇歳にして廃品をあさって薪を集め、研究所近くの自家菜園で家族のために食物を栽培することを強いられた（数年前に転倒してから片足を引きずっていたパヴロフにとって、この作業はひどく困難だった）。息子のひとり、フセーヴォロトは白軍に加わったため、赤軍の勝利後に国外への移住を余儀なくされた（八年後に帰国が可能となった）。もうひとりの息子、ヴィクトルはチフス禍のなかで帰らぬ人となった。ボリシェビキが政敵を弾圧した一九一八年から一九二〇年にかけて、パヴロフ家はたびたび家宅捜索を受け、パヴロフといちばん年上の息子、ウラジーミルが短期間拘留《こうりゅう》された。

パヴロフは愛してやまない科学研究をつづけることも不可能になった。協力者たちが戦地にむかい、犬が餓死するなか、一九一八年には同僚に宛ててこう書いている。「研究は完全に頓《とん》挫《ざ》したも同然だ。ロウソクもなければ灯油もなく、電力は限られた時間しか供給されない。残念だ、じつに残念だ。状況はいつ好転するのか?」。

一九二〇年六月には、絶望のあまり、ボリシェビキ政権に国外移住の希望を伝える手紙を送った。「私はもうあまり長くは生きられない」と彼は書いている。「七〇代を迎えてなお、脳は正常に機能しており」、条件反射に関する「長年の研究をぜひとも完成に近づけたい」。だが現在はそれが不可能などころか、生活自体が成り立たなくなっていることを彼は説明した。「妻と私の食事は量も質もひどく粗末で、もう何年も白パンを見たことがなく、何週間、何か月と牛乳も肉も口にせずに、もっぱら粗悪な黒パンでしのいでいるため、おのずとしだいにやせ衰え、体力が失われていく」。さらにパヴロフはボリシェビキの指導層に率直に告げた。「私は確信を深めている」、政府の方針は「祖国の死」を招くだろうと。

レーニンはパヴロフの手紙を読み、ロシアとしてはこれほど重要な科学者を出国させるわけ

1917年4月、亡命先から帰国したレーニンの理想化された肖像画。彼は6か月後にボリシェビキを政権の座に導き、1924年に死去するまで国を統治した。

一家の果樹園で父親の手伝いをしていた少年時代から、パヴロフは熱心な園芸家だった。

にはいかないと判断した。そして、パヴロフが快適に暮らし順調に仕事をするために必要なものをすべてボリシェビキから提供すると決定した。のちのセラフィマの言葉によると、「彼が求めるものはすべて」あたえるということである。レーニンの指示を受け、政府は特別に法令を発布し、パヴロフの生活と仕事にとって「最適な状況」を実現するための委員会を設置させた。

ボリシェビキ政権がこの「白紙の小切手」を差し出したのと同じ時期には、西側の科学者たちもパヴロフに移住を思いとどまらせようとした。なんといっても、パヴロフはすでに七〇歳を超えている。もはや最盛期はすぎたものと彼らは考えていた。国外で科学研究をつづけるために必要なものをパヴロフに保証することはできない——唯一ロシアでなら、おおぜいの協力者のいる大規模な研究所が手にはいるのではないか、と。パヴロフも祖国を愛しており、国を去ることにはつねづね寂しさを感じていた。結局、彼はとどまることに決める。レーニンの政府は早速、科学研究に必要なものすべてをふんだんに用意し、帝政時代よりはるかに厚くパヴロフを支援した。

だが、惜しみなく資金を提供されても、パヴロフが口を閉ざすことはなかった。いくらボリシェビキが反体制派からの異議を封じこめようとも、パヴロフは声をあげて辛辣に批判した。「われわれは、国家がすべてであり、人間はとるに足らないという残酷な原理の支配下で暮らしている」と彼は一九二九年のスピーチで語った。「当然のことながら、このため市民はびくびくと震える奴隷の集団と化している」。一九二九年にはすでに、死去したレーニンに代わって暴君的で残虐な独裁者、ヨシフ・スターリンが権力の座についていた。スターリンの共産党（ボリシェビキから改称）は生活のあらゆる面で支配を試み、芸術、文学、映画、科学にまで共産党の理念に同調することを求めた。数百万人が逮捕されたが、その多くは政治的見解のためであり、スターリンに対して忠実でないことを示唆しただけの場合も少なくない。パヴロフはこの恐怖政治を糾弾し、拡大する収容所から協力者を救出するために尽力した。宗教と真の科学は両立しないと考えてはいたが、共産党による宗教の迫害を非難し、毎年盛大なクリスマスパーティを開いて立場を明確にした。

共産主義国家からの潤沢《じゅんたく》な資金の提供はとどまることなく、パヴロフの各研究所はフル回転していた。一九二三年、彼は学者仲間に宛てて書いている。「私の研究は大規模に展開している。研究所員がたくさんいて、ここで働きたいという志願者全員を受けいれることができないほどだ」。拡張された近代的設備、多数の協力者、無限の資金を得て、パヴロフが研究したのは、いわば動物の思考と感情のさまざまな側面だった。パヴロフ本人がより客観的で科学的と称した用語でいうなら、「高次神経活動の生理学」、すなわち、脳の生理学である。

パヴロフの基本的な狙いはずっと同じだった。あらゆる実験的状況で犬がするすべてを科学的に理解すること、脳が思考、感情、行動を生みだす仕組みを理解すること、そして、そうした科学的知識をもちいて医学を進歩させ、人間の行動を理解し、ひいては変化させることである。

パヴロフが研究した興味深い問題に、つぎのようなものがあった。どうすれば、いろいろな動物（魚、マウス、犬、チンパンジーなど）の条件反射を比較できるのか？　個々の犬の性格（パヴロフの用語では「神経型」）にはどんなものがあるのか？　条件反射や性質のちがいは遺伝するのか？　つまり、迷路を速く走り抜けるようマウスを訓練したら、その子孫は同じ迷路を「教育のない」マウスより速く走り抜けるのか？（パヴロフは当初、そのとおりになることを証明

1923年、パヴロフは条件反射に関する論文と講演を『動物の高次神経活動に関する客観的研究の20年』（邦訳は『高次神経活動の客観的研究』）と題する一冊にまとめた。この本は速やかに各言語に翻訳され、多くの科学者が初めてこの研究にふれることになった。

したと考え、大きな誇りとともにその発見を発表したが、のちにこの実験には欠点があり、何も証明されないと悟った)。さらにパヴロフの研究所では、睡眠、夢、精神の病の本質についても研究を進めていた。

昔と同じように、パヴロフは研究所を小さな工場さながらに運営し、協力者たちに調査の対象と方法を正確に伝えた。この時期の協力者たちの言葉を借りて、研究所は「ひとつの強力な有機体の生命を、ひとりの優秀な人物、すなわちイヴァン・パヴロフの魂と頭脳を」象徴していたといってもいい。昔とちがっていたのは、パヴロフの協力者の多くが若い教授であり、ほかの機関で指導する立場にあったことだ。この教授たちは研究について独自の考えを発展させ、それが問題となることがあった。パヴロフは研究所でのすべての重要な決定をくだすことを主張したからである。協力者のなかにはボリシェビキ政権の支持者も多く、パヴロフと政治について議論をたたかわせた。だがパヴロフは彼らを科学者として、あくまで科学者として評価し、きわめて無遠慮な共産党員であっても、業績があれば褒《ほ》めたたえた。良好な関係に緊張が生じるのは、協力者が異なる方向にむかおうとしたときだった。たとえば、ある協力者——パヴロフが息子同然に目をかけた人物——が、複雑な科学的問題に対する新たなアプローチを提案したとき、パヴロフはこう応じた。「ばかばかしい。いつもの方法のほうが信頼できる」。協力者が強く訴えると、ようやく独自のやり方で進めることを認めた。だが、その協力者と彼の仕事をまる二年間、あからさまに無視したのである。

一九一七年以前、科学者となるロシア人女性はほとんどいなかったが、共産党政権が奨励したこともあり、パヴロフの研究所にもおおぜいの女性科学者がやってきた。そのひとりがリタ・ライト＝コヴァリョーヴァ、心理学に関心のある才能豊かな作家兼翻訳家だった。ライト＝コヴァリョーヴァは、パヴロフが「高遠《こうえん》かつ純粋な科学的思考」の雰囲気を身にまとっていると語り、彼女自身、ほかの協力者と同じく、要求の厳しいチーフが実験の視察にきたときに報告したい内容を実践することで、より正確に考えるようになったと回想している。一九二〇年代、筋金入りのボリシェビキ政権支持者だったライト＝コヴァリョーヴァは、パヴロフがその批判ばかりしていることに戸惑っていた。ところが一九二〇年代後半、フランス滞在から戻ったパヴロフの言葉に彼女はかすかな意識の変化を読みとる。パヴロフはこう言った。フランスの学者仲間たちの粗末な科学設備には閉口した、彼らはたいがい十分なスペースも近代設備もなく、不可欠な実験動物もいないのだと。そして一瞬口ごもり――わが身の幸運をふりかえって――こう言い添えた。「なるほど、われらが野蛮人たちにもいいところはあると認めてやらなくては。科学の価値を理解していると」。

罪のない人びとを大量に逮捕し、宗教を迫害する一方で、ロシア国民にまともな生活を保証できない政府をパヴロフは非難しつづけた。だが、科学への多大な支援についてはしだいに褒めるようになる。神学校にいた青年時代から、パヴロフは科学こそ人間の進歩の何より強力な源だと信じてやまなかった。八〇代の成熟した男性となったとき、その確信はいよいよ深まっていた。科学は「人類最大の根本的な力」であるとパヴロフは書いている。科学の進歩は人類を自然の限りない豊かさの支配者にするだけではなく、人びとに正しい考え方を示し、いかにしてより人間的な生活をともに営むかを教えるだろうと。

科学では、事故が結果的に大きな役割を果たすことがよくある。リタ・ライト－コヴァリョーヴァはパヴロフの研究を新たな方向に進めたある重要な事故を目撃した。一九二四年九月の風の強い日、サンクトペテルブルク（当時の名称はレニングラード）の中央を流れるネヴァ川が氾濫した。増水が橋や通りにあふれ、電信柱を倒し、路面電車の軌道は水没して、市内の電力供給が断たれた。パヴロフの研究所のひとつはネヴァ川から通りを一本へだてた場所にあり、ライト－コヴァリョーヴァと協力者たちは、このままでは犬がケージに閉じこめられて溺れてしまうことに思いあたった。協力者の一団がその研究所に駆けつけると、犬はケージの最上部で命からがら泳いでおり、浸水がケージをほぼ覆いかくそうとしていた。

ケージの扉はすでに水中にあったため、救出するために協力者たちは犬をつかんで水中を引っ張り出さなくてはならなかった。こう言ってよければ（パヴロフはきっと賛成しないだろうが）、おびえた動物たちは溺れさせられると「思い」、全力で抵抗したようだ。犬はあらかた助け出され、研究所の安全な二階に移された。水がひきはじめると、研究所は掃除され、実験が再開された。

ライト - コヴァリョーヴァの犬はすぐに回復して「仕事」に復帰した。だが、ほかのふたりの協力者、アレクセイ・スペランスキーとヴィクトル・リクマンの犬はそうはいかなかった。固定されていた条件反射が変化し、あるいは消滅していた（たとえば、メトロノームの音に反応するよう訓練された犬が、唾液を分泌しなくなった）。およそ二週間後、パヴロフと協力者たちは、二頭の犬の奇妙なふるまいの原因が洪水時の経験にあるとの確信を得る。彼らは確認するために「決定的実験」にとりかかった。スペランスキーの犬を台につなぎ、消火用ホースで研究所内に小規模な洪水をつくり出したのである。「このかわいそうな子犬がどうなったかを書くのはつらい」とライト - コヴァリョーヴァはのちにふりかえっている。「激しくもがいて哀れな声を洩《も》らし、どうにかして台から離れようとしたのだ！　その後、この犬はえさを食べなければ反射も示さず、ひと言でいうなら、「こわれてしまった」」。

この発見をきっかけに、研究所は「実験神経症」の探究を開始した。洪水から回復する犬もいれば、ずっと影響を受けたままの犬もいるのはなぜなのか？　このような「神経の病」を導く神経作用とはどんなものか？　こうした実験での発見を人間や精神疾患の治療に応用できるだろうか？　レニングラードの洪水後、パヴロフと協力者たちは数年にわたってこうした問題にとり組み、パヴロフは定期的に精神科の診療所を訪れ、患者の診断までするようになる。

一九二九年、八〇歳のパヴロフは政府から特別な誕生日プレゼントを受けとった。レニングラード郊外に位置するコルトゥシの科学村である（この年代になると、科学者のほとんどは隠退生活にはいったが、パヴロフは依然として仕事への活力と情熱に満ちていた）。コルトゥシの複合施設はパヴロフが指定したとおり、莫大な費用をかけて急ピッチで建設された。なぜ急いだのか？　高齢のパヴロフは、コルトゥシの施設での「ひじょうに重要な任務」をやり遂げるには「私の直接参加」が欠かせないと力説したが、明らかに彼の時間は限られていたからである。ソ連政府首脳部のひとり、ヴヤチェスラフ・モロトフに宛てた手紙に彼はこう書いた。「体力が許すかぎり、この問題の確固たる実り豊かな基盤を、何より祖国の利益と栄光のために築くのが最大の願いだ」。

その重要な任務とは何だったのか？　パヴロフの説明によれば、「われわれの仕事は優生学――改良型の人間を開発する科学――の成功に帰着するだろう」。「優生学」という言葉（「健全」と「誕生」を意味するギリシャ語に由来する）は、五〇年ほどまえに英国人科学者フランシス・ゴールトンが人間の生物学的向上を扱う新しい科学の名称として考案したものである。ゴールトンをはじめとする多数の科学者は、身体的、倫理的、精神的形質の多くが遺伝すると確信し、つぎのように考えた。科学者と政府が協力し、望ましい形質をもつ人びとの子づくりを奨励して、望ましくない形質をもつ人びとが子孫をのこすことを制限（もしくは阻止）すべきである。この方法により、人類の生物学上の種族はしだいに改良されるだろう――畜産家がこの品種改良法でミルクの出がよい乳牛や、駿足の馬をつくり出しているように。

では、何を望ましい形質とし、子孫をふやすべき人と減らすべき人をどう選択するのか。もちろん、その考え方は国によって大きく異なっていた。階級と人種関連の偏見がこうした選択をするうえで大きな役割を果たしたこともめずらしくない。それを「科学」ととらえること自体、おおいに議論の余地があった。それでも多くの一流科学者が、優生学とは科学を人間の進歩に役立てる近代的方法であると見ていた。ロシアの優生学運動の初期の指導者に、パヴロフの友人である遺伝学者のニコライ・コリツォーフがいた。コリツォーフにとって、優生学の「高い理想」は「何世代にもわたる意識的努力を通じた、高等な型の人間の創造、自然の強力な支配者にして生命の創造者の創造」にあった。

パヴロフは研究室での調査により、「もっとも完全に近い神経系」をそなえた「高等な型」をつくる優生学に科学的根拠をもたらすことができると考えた。彼のねらいは、そうした神経型の長所と短所はどの程度遺伝し、それは環境のコントロールによってどの程度変えられるのかを明らかにすることだった。そのためには、興奮と抑制のバランスが理想的な犬（さらには人間）をつくる遺伝と環境の条件を見つける必要があった。パヴロフによれば、そのような人

コルトゥシに築かれたパヴロフの科学村。共産主義国家はパヴロフの80歳と85歳の誕生日を祝し、この新たな施設に多額の資金を提供した。同施設は高次神経活動実験遺伝学研究所と命名された。

間は人生にかかわるすぐれた決断やより多くの科学的発見をすることができる。そして生活上のストレスを切り抜ける可能性が高い（一九二四年のレニングラードの洪水後に回復した犬もいれば、その経験で「こわれた」犬——パヴロフの考えでは弱い「神経型」——もいたように）。

この調査を遂行できるのは、コルトゥシのような隔離された科学村しかないとパヴロフは考えた。そこなら、実験犬の生活条件を完全にコントロールできるからだ。コルトゥシを巨大な「沈黙の塔」とし、そこでは犬が誕生から死までの全生涯をすごして、あらゆる経験を科学者たちが管理し、監視する。そして科学者たちは、その犬の子孫を研究し、遺伝と生活上の経験がつぎの世代の神経の特質にどう影響するか判断するのだ。条件反射に関する過去の調査とは異なり、このタイプの実験は完了までに数年を要した。犬の繁殖は比較的遅いためである。ミバエやマウスを研究する科学者は、数か月のあいだに数世代の観察をすることができる。だが、犬はそのあいだに一世代しか生まれない。このため、パヴロフは実験の結果を——首を長くして——待つよりほかなかった。

とはいえ、コルトゥシで実施していた別の分野の調査のおかげで、彼はたいてい上機嫌だった。それは二頭の類人猿、ローザとラファエルの知能の研究である。パヴロフと協力者たちは長年、犬とほかの動物の実験結果を比較したいと考えていた。パヴロフはローザとラファエルを何時間も観察し、さまざまな問題を解く能力（届かない位置にぶら下げられた食べ物を手に入れるために、箱を積み重ねるなど）を検査した。実験犬とは異なり、ローザとラファエルは台につながれず、それどころか、コルトゥシじゅうを自由に動きまわることもたびたびだった。パヴロフの孫娘のひとりがのちに回想しているが、一度、朝食中にローザが家に迷いこんできたことがあったらしい。子どもたちはふるえあがった。過去の苦い経験から、サルがかならずしも穏やかな遊び仲間ではないと知っていたからだ。ところがパヴロフは笑いだし、この動物たちとおまえたちの反応を全部比較しているのに、と孫娘たちに注意した。

　実際、ローザとラファエルの行動は人間とそっくりであり、パヴロフが求めるような、思考や感情への言及を排した客観的な言葉で表わすのは困難な場合が多々あった。パヴロ

コルトゥシでの実験中にラファエルが謎解きの能力を示す。

フ自身、ある実験でまちがいばかり犯すラファエルを「愚か者」呼ばわりしたことがある。「なんと間抜けなことか！」と彼は叫んだ。もっとも、パヴロフは概して二頭の霊長類の知能に深い感銘を受け、過去の理論を一部修正して、高等動物の精神作用をより複合的にとらえるようになった。

コルトゥシは「世界に冠たる条件反射の都」として有名になり、国外から多数の訪問者をひきつけた。またここはパヴロフにとってお気に入りの生活と憩いの場となる。年を経るにつれ、この土地ですごすことがふえ、一時的に家族が滞在することも夏場にはよくあった。パヴロフはロシアの田園地帯で散歩やサイクリングを楽しみ、庭いじりをしたり、大好きなガラッキーに興じたりした。定期的に協力者たちを集めてチームをつくり、彼らがピンを投げそこねると、強引で負けずぎらいのチーフはくどくどと小言を並べた。パヴロフがとくに大切にしていたのは、コルトゥシの自宅に設けたガラス張りの二階のベランダですごす時間だった。

ロシア人画家のミハイル・ネステロフが老齢の科学者の肖像画を描いたのも、このコルトゥシの屋敷でのことだった。ネステロフはこの「非凡な男、このうえなく独特で率直な人物」の特徴をとらえようと腐心した。かくしゃくとしたモデルの生涯のうちの数時間を、彼はつぎのように記している。

パヴロフはガラツキーにも厳しい姿勢で臨んだ。ガラツキーとは、重い木のピンをさまざまな形に並べられた複数のピンめがけて投げるロシア伝統のゲーム。

ミハイル・ネステロフによるパヴロフの肖像画。コルトゥシの屋敷のベランダにて。画家は科学者の情熱を、力説しながら拳でテーブルを叩く独特の仕草にとらえようとした。

朝の七時ちょうど、イヴァン・ペトローヴィチ・パヴロフが書斎を出て階段にむかう物音がした。足を引きずりながら、木の階段を降りて泳ぎにいくのだ。彼は毎日泳いだ……雨も風も彼を止めることはできない。さっと服を脱いで水にはいり、二、三回水にもぐってから、さっと服を着る。あっというまに家に戻ると、朝食用のテーブルで待っていた私たちに挨拶をし、お茶を飲んだ。お茶を囲んでの会話で活気づくのは、たいがいイヴァン・ペトローヴィチ本人で、彼はあらゆる話題について即興で見事な講釈をしてみせた。パヴロフの素晴らしい知性が知らないものなどなかった。生物学やほかの科学的テーマはもちろん、彼は文学や人生を語ることができた。その話はつねに明快で、想像力にあふれ、説得力に富んでいた。

ネステロフは著名な科学者が基本的に実直で誠実なのを見てとった。「理解できないことがあれば、パヴロフは虚勢を張らずに素直に認め」、相手が誰であっても——協力者だろうが政府高官だろうが——同じ態度で話しかけた。「彼はあらゆる点で独特な男だった」。

第六章　「世界生理学界の王子」

人間の生涯に頂点があるとするなら、イヴァン・パヴロフの長く豊かな生涯にふたつのクライマックスがあったのはいかにもふさわしい。ひとつめは一九〇四年、消化器の研究がノーベル賞受賞に結実した五五歳のとき。ふたつめは一九三五年、第一五回国際生理学会を主催した八五歳のときだった。

この会議は、国際科学界に対するパヴロフの深い信念と、そこで国が栄誉ある役割を果たすという切なる願いを具現したものだった。パヴロフが祖国でこの催しを開くために同業者たちを招待すると、その厚い信望は多くの人がスターリンのソ連にいだいていた懸念にさえ打ち勝った。この会議のために、三七か国から九〇〇人の生理学者がレニングラードに集結し、そこにロシアの科学者五〇〇人が合流した。共産主義政権は惜しみなく費用を投じ、各国の代表を歓待して好印象をあたえようとした。市街を徹底的に清掃し、鮮やかな垂れ幕を下げ、科学施設を改装し、来訪した科学者のための盛大な歓迎会を旧ロシア皇太子たちの美しい宮殿で開い

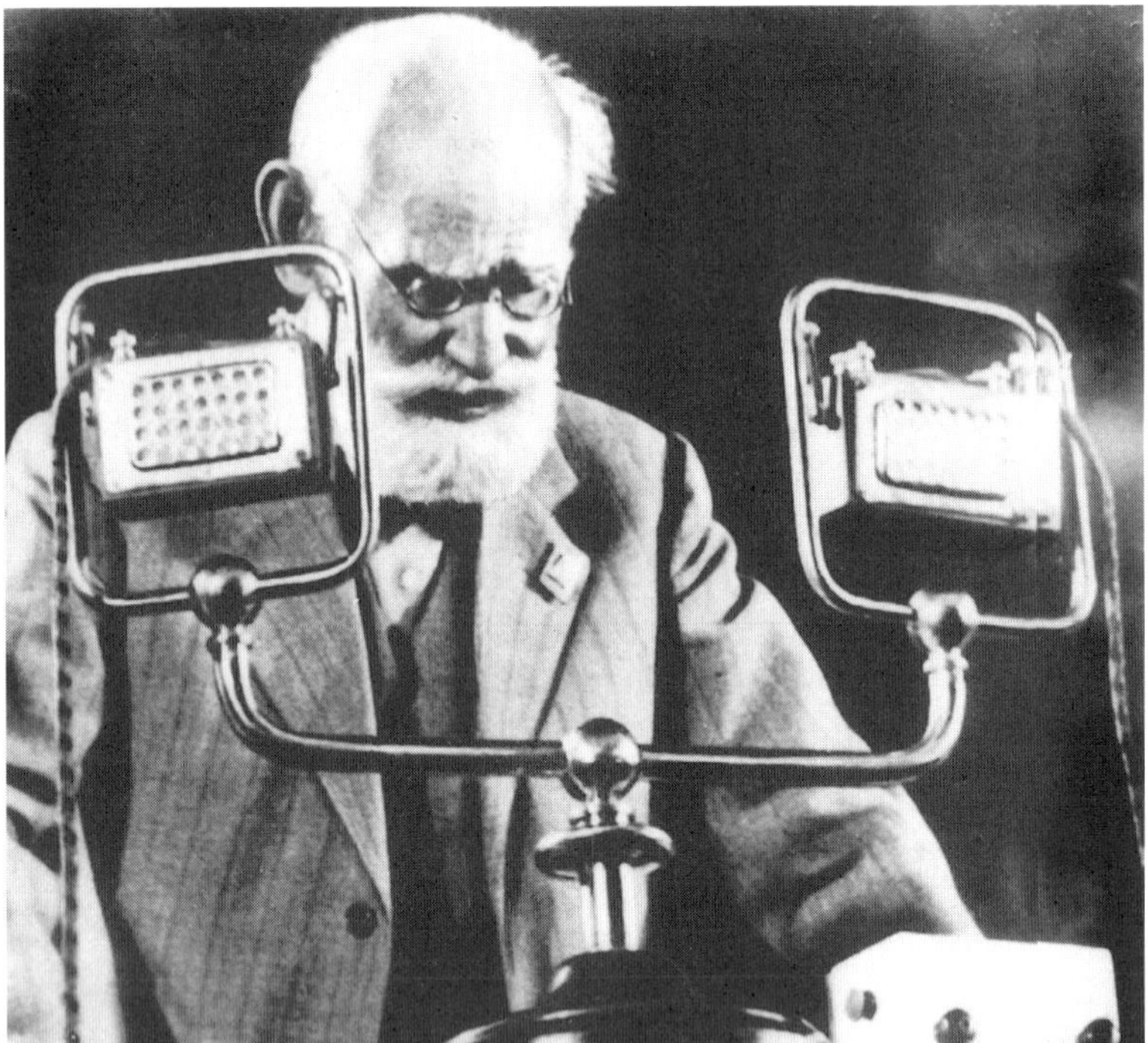

1935年の第15回国際生理学者会議で演説するパヴロフ。

た。さらに、会議全体をレニングラードから数百マイル先のモスクワに移動させ、山場となる晩餐《ばんさん》会を国家権力の中枢、クレムリンで開催している。

会議の国際性は高名なスコットランド人生理学者ジョージ・バージャーの演説に集約されていた。バージャーは英語で話しはじめると、つづいてフランス語、ドイツ語、イタリア語、スウェーデン語、スペイン語と切り換え、ロシア語で締めくくった（外国語がうまく話せずに苦労していたパヴロフは舌を巻いた。「別の言語になったぞ、また、まただ！」と彼は驚嘆した。「どうしてひとりの人間があんなことをできるのだ？」）。深い敬意を表して、バージャーはパヴロフこそ「世界生理学界の王子」だと断言し、聴衆から万雷の拍手を浴びた。

会議に心から感動したパヴロフは、それまで厳しく批判してきた共産主義政権に、ロシアの科学への厚い支援に対する感謝の意を表明した。そして、「ご存じのとおり、私は頭の先から爪の先まで実験者である」とつづけ、政府の社会主義の「実験」が成功することを願っていると語った。さらに、「偉大なる社会の実験者たち」のために乾杯の提唱までしている。もっとも、政府の業績を称える一方で、政府の犯罪の犠牲者のために彼は力をつくしてもいた。たとえば、パヴロフの研究所で犬のケージを掃除していた女性が拘禁《こうきん》を解かれたのは、パヴロフが会議の成功のために彼女の仕事が欠かせないと主張したからにほかならない。会議の開催中にも、パヴロフは暇《ひま》を見つけて共産党のある指導者と会談し、協力者のひとりの釈放を勝ちとった。当時はきわめて薄弱な政治的理由による大量逮捕の時代だったが、その理由の多くはいまだ不明で、秘密警察の資料庫に葬られている。

国際会議が終わると、パヴロフは例によって一日一六時間労働を再開し、レニングラードを足早に歩いて各研究所と精神科の診療所をまわっては、患者を観察して協力者たちと議論を交わした。週末と結果的に生涯最後となる夏には、コルトゥシで仕事と娯楽に明け暮れた。国際会議の直前には肺炎で危うく命を落としかけ、健康をひどく損ねていたが、パヴロフは忙しいスケジュールを守っていた。長年の協力者だったウラジーミル・サヴィチは、パヴロフが夏のあいだも働くことで従来の日課をくずしているのに気づき、おそらく死期が近いことを予感して、のこされた時間をすべて科学プロジェクトの追究に注ぎたいのだろうと考えた。

二度めの肺炎の発作ののち、八六歳の科学者は一九三六年二月二七日にその生涯を閉じた。かつてのチャールズ・ダーウィンやルイ・パストゥールと同じく、パヴロフは国民的英雄として、そして国際科学界のリーダーとして賛美された。数万人のレニングラード市民が黒い布のかけられた通りに並び、市内を行進する葬列を迎えた。ソ連の科学機関は偉大な科学者の功労を称えた。哀悼の言葉が世界各国からロシアに寄せられた。

こうしたあふれ出る敬意は、科学者としてのみならず、二〇世紀文化の重要人物としてのパヴロフの地位を反映するものだった。今日でも世界じゅうの多くの人が、生理学についてはほ

実験医学研究所に設置された犬のモニュメントの各パネルに、パヴロフの言葉が記されている。左端のパネルにはロシア語でこう書いてある。「犬に、有史以前からの人間の協力者にして友人に、その身を科学に捧げてもらおう。だが、われわれに気高い心があるならば、無用な痛みを感じることがないよう確実を期さねばならない」。

とんど知らなくとも、電話の音に飛び起きたときにはパヴロフと唾液を分泌する犬のことを思い出す。チャールズ・ダーウィンやジークムント・フロイトのように、パヴロフは個々の発見だけではなく、包括的な科学的ヴィジョンもたらした――その科学的ヴィジョンと、それをめぐって絶えることのない議論は、人間であることの意味を理解するための私たちの果てしない探究の一部となっている。

パヴロフの時代以降、科学は大きく様変わりした。今日の研究者はパヴロフ式に無傷で「正常な」動物を使うよりも、高度なテクノロジーをもちいて細胞や細胞内のメカニズムを研究するだろう。米国を含む数多くの国で、動物を実験で使用することは制限され、科学者はパヴロフが好んだ研究方式を実施しにくくなっている。無傷の正常な動物を研究する科学者は、生体解剖よりも画像技術を頼りとするのがふつうだ。こうした理由から、現代の科学者のなかにパヴロフが駆使したような外科技術の達人はほとんどいない。今日の科学の教科書に見られる消化や脳の説明モデルは通常、パヴロフのそれとはいちじるしくちがっている。

だが、パヴロフの科学への遺産には、いまなお大きな価値がある。そのひとつの証拠が、米国にある現在も活動がさかんなパヴロフ学会だ。これは一九五五年、パヴロフの技術と洞察に共通の利益を見いだした科学者たちによって設立された。この学会の定例会議では、パヴロフにはじまる手法と視点をもちい、記憶、ストレス、薬物依存、心臓、血圧、消化、老化作用、人格形成など、多種多様なテーマの研究を進める各分野の科学者が一堂に会する。

今日、消化を研究する科学者たちが、パヴロフのように消化系を複雑な化学工場にたとえることはまずないだろう。それでも、消化系がさまざまな刺激に敏感に反応するというパヴロフの基本的な論点は認めている。心理的要因と神経系が消化上、重要な役割を果たしていることについても同様だ。さらに、私たちの身体のうち脳に次いで神経が集中しているのは、胃であることが判明している。この事実から、一部の科学者は（比喩的に）「腹の脳」という呼び方をもちいるようになったほどだ。だがパヴロフの時代にも、消化における第三の重要なファクターは見つかっていた。内分泌物（生理的過程を調整する体内の分泌液）である。今日の消化生理学者は、消化を制御する「心理・神経・内分泌複合作用」――すなわち、心理的要因、神経、内分泌物の相互作用――について語ることが多い。パヴロフの強調した神経の重要性は、科学では往々にして起こりがちだが、より複雑な現実の一部にすぎないことが明らかになっている。

脳と行動の科学は二〇世紀に根本的に改革された。もはや単一のアプローチやモデルの独占が持続することはない。そうした事情から、この分野の科学者たちは現在、パヴロフの思想についてさまざまな見解をいだいている。とはいえ、パヴロフの遺産がここでも依然として重要であるのはまちがいない。近年、科学ライターのドロレス・コングが、パヴロフの基本的な考え方と手法を研究にもちいた米国の科学者たちにインタビューをしている。マウント・ホールヨーク大学の心理学教授、カレン・ホリスはこう述べた。自分にとってパヴロフが提示した「決定的な情報」とは、心理作用が身体の生理機能に重大な影響をおよぼし、それは当人が意識しようとしまいと関係がないということだ。たとえば、特定の場所、におい、声、顔などに対する反応は（ホウレンソウが嫌いであることも）、頭はおぼえていないとしても身体は記憶している過去の経験から形成された条件反射の結果である。神経生理学者や心理学者、精神科医は、薬物依存や、血圧と体温の調整、免疫系の働きなどにおける条件反射の役割を明らかにしてきた。その発見は将来的に、さまざまな健康障害を治療するうえで有意義なものとなるだろう。

こうした分野の先駆的科学者だったパヴロフが現在のそんな展開を見たら、大きな誇りをいだいたにちがいない。自身が熱心に擁護した一部の考えが切り捨てられたのを知っても、驚きはしないだろう。パヴロフも承知していたように、科学とはまさにそういうものだからだ。晩年、ある協力者が浮かれて、もうじき脳のすべてがわかるだろうと予言したことがあった。パヴロフはその意見を言下にしりぞけた。「発見すればするほど、さらに未知のものが現われ、さらに疑問が浮かんでくるものだ」と彼は力をこめた。「知識への道に終わりはない」。

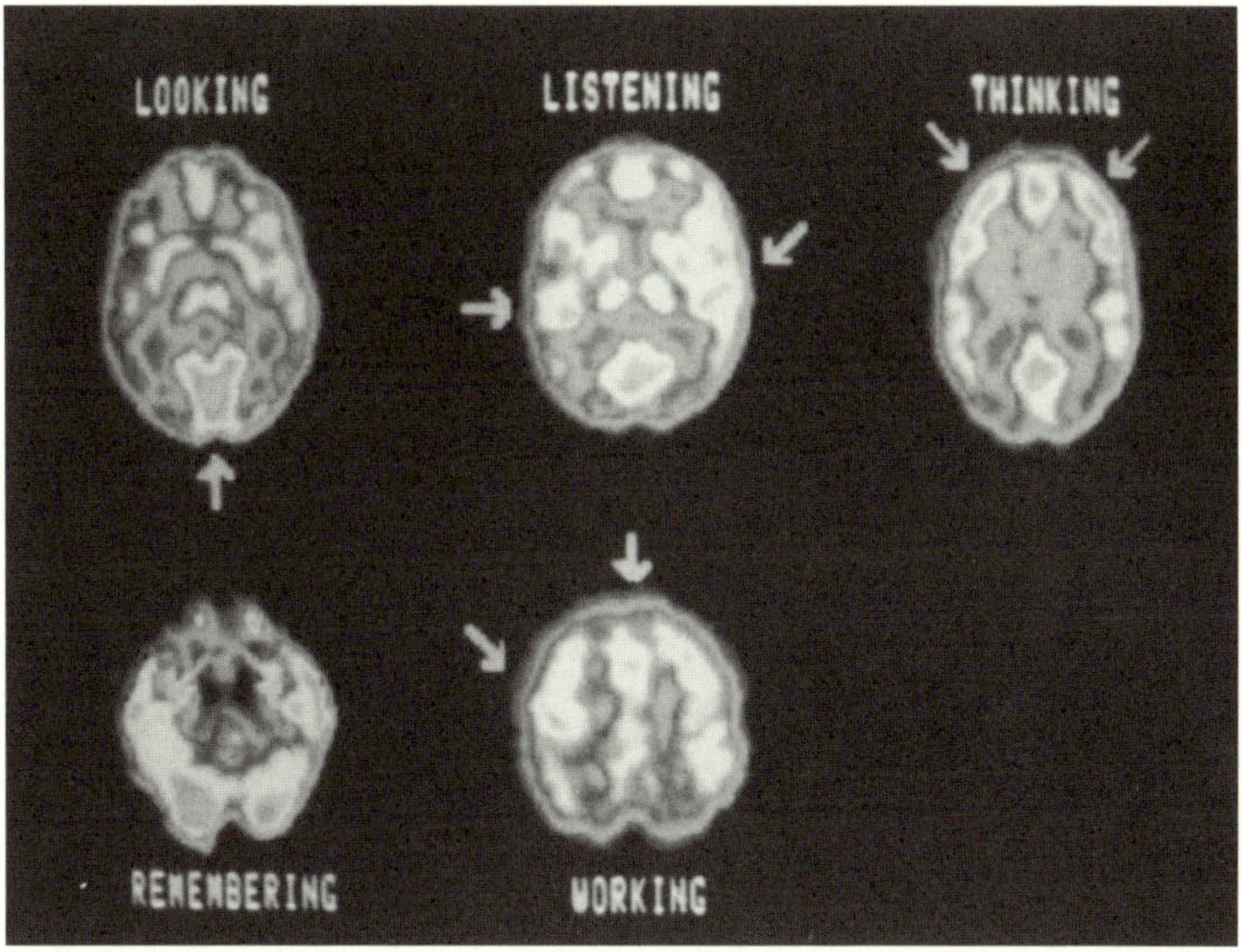

陽電子放射断層撮影（PETスキャン）により、今日の科学者はさまざまな活動における脳の神経反応を観察することができる。陰影のある部分が代謝活性の各段階を示している。

謝 辞

全米人文科学基金、フルブライト‐ヘイズ、国際研究交換委員会、ジョン・サイモン・グッゲンハイム記念財団のご支援に、また、エレオノーラ・フィリィポヴァ、リュリイ・ヴィノグラドフ、ウラジーミル・ソボレフ、そしてサンクトペテルブルクのロシア科学アカデミー資料部で働くみなさんのお力添えに深く感謝を申しあげる。同アカデミーには所蔵する写真の複製を許可していただいた。パヴロフのお孫さんふたりと曾孫さんである、リュドミラ・バルモソヴァ、マリア・ソコロヴァ、マリナ・バルマソヴァには、格別の感謝をささげたい。

年譜

1849	9月26日、イヴァン・ペトローヴィチ・パヴロフ、ロシアのリャザンに生まれる。
1869	リャザン神学校卒業。
1870-75	サンクトペテルブルク大学に通う。
1876-80	軍医学校で医学を修める。
1880-83	セラフィマ・ヴァシリエヴナ・カルチェフスカヤと結婚する。心臓の神経の研究に着手。
1884-86	ブレスラウでルドルフ・ハイデンハインと、ライプツィヒでカール・ルートヴィヒと研究をおこなう。
1890-91	軍医学校の教授および、実験医学研究所の生理学部長に任命される。
1890年代	協力者たちとともに消化生理を研究。
1897	『主要消化腺の働きに関する講義』を発表。
1903-36	協力者たちとともに高次神経系の生理の研究をおこなう。
1904	消化生理学への貢献を認められ、ノーベル生理学・医学賞を受賞。
1907	ロシア科学アカデミーの会員に選出される。

1910　「沈黙の塔」の建設開始。

1914　第一次世界大戦勃発。

1917　皇帝ニコライ二世が退位し、ボリシェビキが政権を掌握する。

1918-21　ロシア内戦。パヴロフの息子ヴィクトル、死去。息子フセーヴォロト、国外に移住。レーニンの命令により、パヴロフに国家の手厚い支援が保証される。

1923　『高次神経活動の客観的研究』を上梓。

1924　レニングラードの洪水でパヴロフの犬が危うく溺れかける。

1927　『大脳半球の働きについて』出版。

1929　コルトゥシにて実験遺伝学研究所着工。

1932　類人猿のローザとラファエル、コルトゥシにやってくる。

1935　レニングラードで第15回国際生理学会を主催する。

1936　2月27日、死去。

用語集

急性実験	外科手術中もしくは直後の動物に対しておこなわれる実験
慢性実験	動物が術後に回復してから開始される実験
条件反射	刺激と反応の固定された関係。経験によって形成されるため、成立時の条件が変われば変化する
決定論	あらゆる事象は先行する事象と条件によって不可避になるとする考え方
分化	パヴロフの場合、興奮と抑制が組みあわさることで異なる刺激（2種類の食物）を区別する作用
食道切開術	口腔と消化管を切り離し、動物の飲みこんだ食物が胃に届かないようにする外科手術
優生学	人間の改良型を開発する科学を指すフランシス・ゴールトンの造語（「生まれのよい」を意味するギリシャ語を語源とする）
興奮	刺激が運動反応を導く神経作用
瘻《ろう》	手術によって器官に移植され、その器官の分泌物を体表に運んで科学者が分析できるようにする細い管
胃腺	胃液を分泌する胃のなかの組織

胃液	胃のなかで食物を分解して血液への吸収に備える物質
遺伝	親から子孫への形質の伝達
抑制	刺激が運動反応を鈍らせる、もしくは停止させる神経作用
分離小胃	食物に対して正常に機能するが、食物そのものが到達することはない胃の小さな部分。手術によってつくられるもので、パヴロフはこれを各種の食物や刺激に対する胃腺の分泌反応を検査するために考案した。
唯物論	あらゆるものは物質の性質によって説明可能とする考え方
生理学	有機体の生命作用（消化、呼吸、循環など）の科学
心理学	行動と精神作用の科学
還元主義	複雑な全体をごく単純な部分に分解すれば完全に理解できるとする考え方
反射	刺激と反応のあいだの固定された神経的つながり
無条件反射	刺激と反応のあいだの先天的な不変の関係
変数	実験結果を左右しうる要素
生体解剖	生きた動物の切開や切断をともなう科学的処置

索 引

サ行

タ行

ナ行

ハ行

マ行

ヤ行

ラ行

図版クレジット

Archive of the Russian Academy of Science, St. Petersburg: 10, 12, 14, 28, 34, 37, 66, 73, 78, 86, 95; Central State Archive of Documentary Films, Photographs, and Sound Recordings of St. Petersburg: 26, 30, 82; from G. H. Lewes, The Physiology of Common Life: 8; New York Public Library Picture Collection: 17, 24-25, 27, 80-81, 83; from I. P. Pavlov, Lectures on the Work of the Main Digestive Glands: 54, 55; PEANUTS © UFS, Reprinted by Permission: 59; from Russkii Vrach, 1907: 40; Reprinted with permission from Science and Dr. Michael E. Phelps, Copyright 1985 American Association for the Advancement of Science: 102; from I. M. Sechenov, Autobiographical Note: 20; Daniel Todes: 2, 57, 64, 70, 87, 90-91, 93 -94, 96, 100; The Wellcome Library: 44, 48, 50, 51, 52.

訳　者

近藤　隆文（こんどう　たかふみ）

1963年生まれ。一橋大学社会学部卒。翻訳家。おもな訳書に、ガルリ・カスパロフ『決定力を鍛える』、フィル・ボール『バルサとレアル』（以上、NHK出版）、ジョナサン・サフラン・フォア『エブリシング・イズ・イルミネイテッド』、ニック・マクダネル『トゥエルヴ』（以上、ソニー・マガジンズ）、コリン・クラウチ『ポスト・デモクラシー』（青灯社）など。

オックスフォード　科学の肖像

パヴロフ

2008年7月18日　第1刷発行

定価はカバーに表示してあります

訳　者©　近藤　隆文

発行者　中川　進

〒113-0033　東京都文京区本郷2-11-9

発行所　株式会社　大月書店

印刷　太平印刷社

製本　中條製本

電話（代表）03-3813-4651　FAX 03-3813-4656／振替 00130-7-16387

http://www.otsukishoten.com/

ISBN 978-4-272-44049-8　C0340

OXFORD PORTRAITS IN SCIENCE

【既刊八冊】

装丁　林 修三（リムラムデザイン）　　装画　小笠原 あり

四六判上製カバー装／各168ページ／本体各1,800円
（『アインシュタイン』264ページ／本体2,300円、『フロイト』216ページ／本体2,100円）

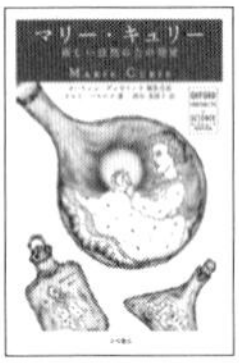

第五回配本

マリー・キュリー　新しい自然の力の発見

ナオミ・パサコフ　　西田 美緒子 訳

夫ピエールとともにノーベル賞受賞。夫と死別後巻き起こったスキャンダル報道とバッシング。世界初二度目のノーベル賞受賞。新資料をもとに、アインシュタインやラザフォードなどの科学者との交流、歴史的背景にもふれながら、わかりやすく伝える新しい評伝。

第六回配本

マイケル・ファラデー　科学をすべての人に

コリン・A・ラッセル　　須田 康子 訳

1804年、13歳で書店兼製本屋の徒弟となり、そこで出会った本をきっかけに科学の道を志す。電気と磁気の科学の開拓者として数々の発見とともに、いまも読みつがれるクリスマス講演などを立ち上げ、市民や子ども向け科学講演の基礎をつくった最大の実験科学者。

第七回配本

フロイト　無意識の世界への探検

マーガレット・マッケンハウプト　　林 大 訳

人類の自己愛に打撃を与えるがゆえに激しい批判を浴びた革命的理論――地動説と進化論につづく三つ目として自らの精神分析理論を挙げたフロイト。現在も幅広い分野に影響力を持つと同時に、絶え間ない批判を浴びるフロイトの業績と生涯を知る最適の入門書。

第八回配本

メンデル　遺伝の秘密を探して

エドワード・イーデルソン　　西田 美緒子 訳

修道院で植物の交配実験を行い「メンデルの法則」を導き出したメンデル。遺伝学の基礎をなすその原理は、生前に評価されることはなかった。修道院長として生涯を終えた16年後に再発見され、最先端となった業績を現在との関わりに触れながらいきいきと伝える。

OXFORD PORTRAITS IN SCIENCE

OXFORD PORTRAITS IN SCIENCE

OXFORD PORTRAITS IN SCIENCE

●書評・受賞（一部抜粋）

『ガリレオ・ガリレイ』
ニューヨーク公共図書館「1998年 10代のための本」選定
「おとなにとっても、簡潔にまとまっていて気軽に読める本。もってまわった書き方にわずらわされることもなく、わかりやすい記述で、読む楽しみを味わえる。」
――*Planetaria*

『ニュートン』
ニューヨーク公共図書館「1998年 10代のための本」選定
Science Books and Films「1997年 中学・高校のための最良の本」選定
「若い読者向けのよくできた伝記というだけにとどまらない、最良の科学本のひとつ。」――*School Library Journal*

『ケプラー』
Science Books and Films「エディターズ・チョイス」選定
「本物の専門知識と業績をきちんと紹介しているすばらしい本。またその記述、紹介の仕方も称賛に値するものである。多くの図版も収録され……科学史研究者にとっても大いに価値あるものとなっている。」――*Journal for the History of Astronomy*

シリーズ既刊
『ダーウィン　世界を揺るがした進化の革命』
『アインシュタイン　時間と空間の新しい扉へ』
『ガリレオ・ガリレイ　宗教と科学のはざまで』
『エンリコ・フェルミ　原子のエネルギーを解き放つ』
『マリー・キュリー　新しい自然の力の発見』
『マイケル・ファラデー　科学をすべての人に』
『フロイト　無意識の世界への探検』
『メンデル　遺伝の秘密を探して』
『パヴロフ　脳と行動を解き明かす鍵』

続刊（年6冊刊行予定）『ウィリアム・ハーヴェイ』、『コペルニクス』、『マーガレット・ミード』……以上、2008年刊
『エジソン』、『ラザフォード』、『チャールズ・バベッジ』、『ニュートン』、『パスツール』、『ベル』、『ライナス・ポーリング』、『ケプラー』、『クリックとワトソン』

OXFORD PORTRAITS IN SCIENCE

OXFORD PORTRAITS IN SCIENCE

10代からおとなまで、読む楽しみを味わえる伝記シリーズ

オックスフォード　科学の肖像

編集代表 オーウェン・ギンガリッチ（ハーヴァード大学教授）

科学者たちの画期的な業績、その思考の過程、
魅力あふれる人物像とその生涯を
コンパクトにまとめた明快な入門書。
当時の社会状況や、影響を受けた先駆者たちの思想、
現代へのかかわりにも触れる。
大きな歴史の流れのなかで科学の革命をおこした
科学者たちの生きた物語。

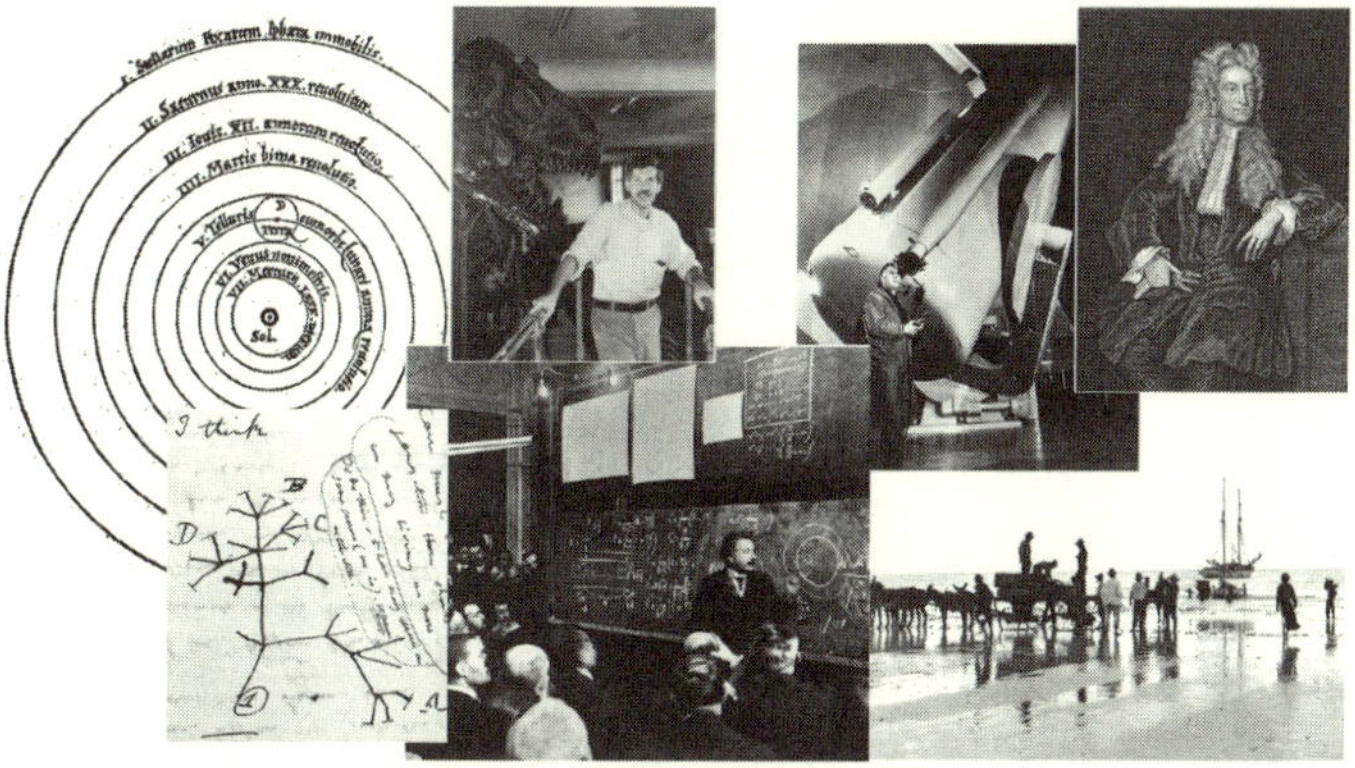

OXFORD PORTRAITS IN SCIENCE